CÉSAR LAGOS

POLÍTICA Y REVOLUCIONES DE HONDURAS (1890-1892)

ORIGINALMENTE: ENSAYO SOBRE LA POLÍTICA
CONTEMPORÁNEA DE HONDURAS

ERANDIQUE
COLECCIÓN

POLÍTICA Y REVOLUCIONES DE HONDURAS (1890-1892)
Originalmente: Ensayo sobre la política contemporánea de Honduras

©Colección Erandique
Supervisión Editorial: Óscar Flores López
Diseño de portada: Andrea Rodríguez-Lilyana Gálvez
Administración: Tesla Rodas y Jessica Cordero
Director Ejecutivo: José Azcona Bocock

Segunda Edición de Colección Erandique
Tegucigalpa, Honduras—Julio de 2024

ÍNDICE

CÉSAR LAGOS: TESTIGO PRIVILEGIADO DE UNA ÉPOCA DE INESTABILIDAD POLÍTICA

Esta es una obra fascinante, escrita por un testigo de acontecimientos importantes en la historia de Honduras. Don César Lagos fue participante activo y observador de los principales acontecimientos sucedidos durante el periodo final de la Reforma Liberal.

Su énfasis principal es el ocaso del gobierno de Luis Bográn, y conmociones posteriores (1890-92). No se limita a relatar su experiencia o memoria de hechos, sino que, además, da sus opiniones y críticas sobre los acontecimientos y las motivaciones de los actores.

El autor expresa su frustración por los vicios que ve permanentemente en la actividad política, lo que nos condenaba a la inestabilidad política y las guerras civiles. El más importante de estos es el personalismo, donde se imponían criterios de inclinación individual sobre criterios sociales o legales.

Aunque él atribuye principios e ideales exaltados a los protagonistas, los mismos eran contaminados por la ambición personal y el espíritu de facción. Ninguno de ellos (a pesar de sus virtudes personales) era capaz de trascenderlos.

Luis Bográn aparece como bien intencionado, pero volátil y autoritario. Policarpo Bonilla acompaña su gran intelecto de una desmedida ambición personal. Ponciano Leiva, personalmente honesto, carece de dotes intelectuales para liderar una transición a la democracia. Domingo Vásquez, muy valiente y de alma noble, no posee el carácter de controlar sus propios impulsos. Terencio Sierra es impetuoso, y Manuel Bonilla, flexible y práctico. Todos ellos irrumpen en la historia, vislumbrando su protagonismo futuro.

El relato no es feliz. Se describe cómo procesos que indudablemente representan progreso (periodos electorales constitucionales, alternabilidad de personas en el Ejecutivo), no van acompañados de la sustitución de un espíritu caudillista por uno de leyes.

Esto resulta en revoluciones violentas que, a los ojos del autor (y la opinión de la historia concurre), destruyen cualquier progreso logrado.

Conociendo la historia posterior de nuestro país, vemos que estos males no nos han abandonado del todo. Es frustrante observar cómo el caudillismo, el autoritarismo y la intolerancia todavía existen en una sociedad mucho más desarrollada que la de finales del siglo XIX.

La memoria de líderes sensibles al insulto, dispuestos a "echarse al monte" por cualquier excusa, pero de espíritu generoso, nos debe ayudar a combatir todos esos males.

La ortografía, gramática, y compaginación son del autor.

JOSÉ S. AZCONA BOCOCK
DIRECTOR EJECUTIVO COLECCIÓN ERANDIQUE

ADVERTENCIA

Publico el tomo primero de una obra en que haré la relación de algunos de los últimos acontecimientos de la historia de Honduras.

He procurado y procuraré siempre tener imparcialidad en lo que refiera: es el deber primero del historiador. Las pasiones influyen para que se falseen los hechos, y por el odio o el afecto que se tiene a las personas, se les hace aparecer de modo diferente de como en realidad son. Yo me aparto de ese camino. Escribir sólo para elogiar a los amigos, aunque no lo merezcan, o para vituperar a los enemigos, aunque procedan bien, es mal grandísimo por que se engaña a la sociedad y con el engaño llega hasta amar y admirar a sus verdugos.

Creen muchos que los que pertenecen a un partido deben siempre aprobar las acciones de los hombres que lo dirigen. No debe ser así. Callando sus faltas se les autoriza a otras y su ejemplo extravía a los demás al ver que es lo mismo proceder bien que proceder mal. Debemos, pues, los que pertenecemos a un partido, servir con rectitud la causa de la idea que abrazamos. Solo así podremos alcanzar buenos frutos. No debemos contemporizar con los hombres que representan el egoísmo: debemos atender solo a las ideas. Las preocupaciones de bandería y, principalmente, las deificaciones personalistas han causado todas nuestras desgracias.

Ser imparcial, sincero, verídico es peligroso. Necesariamente se ofende la susceptibilidad de las personas que han contribuido a los sucesos. Sin embargo, debo decir con franqueza lo que siento y pienso. Heriré en ocasiones a quien no quisiera, lo sentiré; mas no lo puedo evitar. Si existen los hechos no hay mal en relatarlos; la culpa es de los que los han creado. Y lo digo porque creo que decir la verdad es deber ineludible del que busca la felicidad de la nación. Se presenta el mal y el error para que se les conozca y se les rechace, y para que las conciencias se encaminen hacia el bien y la justicia.

Ahora bien, si yerro alguna vez en mis apreciaciones, jamás será por mala intención, y lo comprobaré rectificando el error tan pronto como de él se me convenza.

No obstante esta declaración sincera, sé que con mi conducta me traeré el enojo de todos aquellos que se consideren ofendidos: sé que los intereses atacados tratarán de desconceptuar todos mis juicios. No importa lo primero: estaré tranquilo por no haber tenido el propósito de censurar por censurar; y en cuanto a lo segundo, confío en el juicio recto de los hombres sensatos: ellos juzgarán y fallarán sobre quién tiene la razón.

PRÓLOGO

Recomiendo a los jóvenes centroamericanos la lectura del presente libro, en que su autor, don César Lagos, refiere los sucesos acaecidos en Honduras de veinte años a esta fecha, comprendiendo uno de los periodos más agitados en la historia de aquel país.

Su importancia consiste, no tanto en la fidelidad escrupulosa con que están relatados los hechos y en la imparcialidad con que de ordinario los juzga y analiza, como en las reflexiones atinadas que en él se encuentran, tocante a los errores que cometemos en el desarrollo de nuestra política.

Aunque no se esté siempre de acuerdo con las teorías del señor Lagos, no se le puede acusar de falta de sinceridad y buena fe. Él quiere de veras que el orden, la libertad y la justicia sean como el alma que anime nuestros actos. Con el corazón de un verdadero patriota duélese de nuestras desgracias y propone los medios que, en su opinión, nos librarían de sufrirlas.

El libro en que me ocupo podría llegar a interesar hasta a las personas de juicio más austero, sino resplandeciera en todas sus páginas, el reflejo de entusiasmos juveniles, no apagados por completo en el ánimo del autor. La realidad que nos flagela, despiadada, desde los primeros días de nuestra existencia, nada dice a ese corazón y no ha logrado abrirse paso, a través de los sentimientos altruistas que lo envuelven, para verter en él el frio desesperante del escepticismo.

No quiere creer el señor Lagos en la imposibilidad en que estamos, dadas las condiciones reinantes, de que disfrutemos de la libertad en todas sus manifestaciones, desde la que se inicia, de manera mecánica, en la simple locomoción, hasta aquella impalpable de las ideas que, en su libre juego, como las más intensas y ocultas fuerzas de la naturaleza, vivifican y renuevan cuanto tocan. Todo lo hace depender de los gobiernos. Si están animados de sanos propósitos y quieren el bien del país, deben otorgar libertades para que los pueblos puedan crecer y desarrollarse sin trabas.

Dichoso él que cree en estas cosas. Para los que nos hemos envejecido en la observación atenta de los hechos, presenciando esta angustia que nunca se acaba, de ver pueblos oprimidos por el despotismo, el encanto de esas teorías se ha desvanecido por completo y hemos visto con horror que el mal no está en los gobiernos, sino que lo llevamos dentro de nosotros mismos.

Nuestro eterno terror consiste en pensar que la libertad viene de fuera y no de adentro. Los hechos que se repiten, constantemente, revestidos de los mismos caracteres, nada nos enseñan. Persistimos en nuestras candorosas ilusiones, sin que la experiencia, con toda su brutalidad y su rudeza, llegue a marchitarlas. Contamos casi tantos años de existencia como de revoluciones. Todas, o la mayor parte de ellas, se han hecho en nombre de la libertad; y sin embargo, la libertad existe entre nosotros más desmedrada hoy que en los albores de nuestra independencia. Ya casi no nos va quedando otra, a los centroamericanos, que la de morirnos de hambre y de tristeza.

¿Qué significan las teorías, que importancia pueden tener los principios, cuando los hechos vienen a contrariarlos, demostrando que hay algo oculto y poderoso en esos hechos que no hemos podido comprender?

No debe culparse a los gobiernos de nuestras desgracias; no debe hacerse responsable de ellas ni a los partidos ni a determinadas personalidades. Como plantas malditas, se desarrollan llenas de energía y de fuerza, hundiendo sus raíces en todos los corazones, de los que arrancan vitalidad asombrosa para el mal, alimentadas por nuestros malos sentimientos.

La libertad, la justicia y el orden, no son dones que se otorgan graciosamente a los pueblos, sino derechos que se exigen y se imponen. Cuando un gobernante es bastante imprudente para concederlos, sin que haya posibilidad de que se haga de ellos el aprecio que merecen, resulta la anarquía, el desorden, la injusticia.

Nuestras desgracias provienen de haber invertido los términos del problema, pretendiendo que la libertad viniera de donde nunca puede venir, que viniera de arriba, cuando en todas partes sube siempre de abajo. No hay muchos centroamericanos que comprendan la verdadera esencia de la libertad. La mayoría opina que es un presente que los gobiernos otorgan a los pueblos. No son pocos los que la tienen por una fiesta, una especie de orgía embriagadora, mediante la cual hace uno lo que quiere, aunque, de vez en cuando, se vaya a parar a la cárcel.

La libertad no es eso ni puede venir de esa manera.

Es precisamente lo contrario. Cuanto mayor es el dominio que el individuo ejerce sobre sí mismo, es más libre; y ya se sabe, que de la libertad de los individuos, aisladamente, se desprende la libertad de las naciones en general. No es el conjunto el que debe preocuparos, son las partes que lo componen. Si queréis un edificio fuerte, que resista a las tempestades y a la influencia corrosiva del tiempo, emplead en su construcción materiales fuertes y bien probados.

La libertad es educación sobre todo. Un niño recién nacido comienza moviendo sus miembros de manera desordenada, hasta que, mediando el ejercicio perseverante, adquieren fijeza y llega a dominarlos por completo. La educación de los movimientos nos conduce a la libertad de locomoción, la primera de las libertades que disfrutamos.

De la misma manera se educan la inteligencia y los sentimientos. El corazón es semejante a un potro indomable que cuesta mucho trabajo reducirlo a la obediencia. Cuando todo el organismo: la inteligencia, el corazón, la voluntad, están educados convenientemente y obedecen a disciplina rigurosa, es cuando más disfrutamos de verdadera libertad.

Que la libertad, aunque parezca paradójico asegurarlo, es la resultante del mayor número de restricciones. Absurda es la pretensión de hacerla depender de los gobiernos. A los gobiernos solo les incumbe educar a los pueblos, para ponerlos en aptitud de comprenderla, de apreciarla en lo que vale y de conquistarla aún a costa de los mayores sacrificios. Abandonad, por Dios, esas teorías fundidas en moldes de barro. Buscad la verdad en los hechos, tomad la vida y estudiadla al microscopio para que os revele el secreto que la anima. Los formalismos dogmáticos que se imponen en las escuelas, los apotegmas huevos que corren de boca en boca, sin que nadie se atreva a hincarles el escalpelo de la crítica para investigar lo que llevan por dentro, todo eso es pura fantasmagoría para el verdadero filósofo, que dejará al palurdo con la boca abierta de admiración; pero que solo merece desprecio para el pensador.

Una de las libertades que el señor Lagos desharía que se estableciera de preferencia entre nosotros, es la de la imprenta; muy bella libertad por cierto, pero muy difícil de tenerla en el hecho.

Para que pueda hacerse uso de la libertad de imprenta, aparte del instrumento sin el cual sería imposible que se practicase, necesitase en primer término de los escritores. Y volvemos aquí al mismo punto de la educación, porque sin educación no puede haber escritores. Muchos opinan que los escritores se forman con el ejercicio de la libertad de la prensa. Si produciendo el desorden se llegara al orden yo estaría de acuerdo con esa opinión.

Los que no son escritores y se dedican a escribir para el público falsean las ideas, corrompen los sentimientos y llevan la confusión más deplorable al ánimo de las muchedumbres. La gramática se aprende ciertamente con el ejercicio; pero la gramática no hace al escritor. El escritor es un sembrador de verdades, que principia por cortar, sin miramiento alguno, las malezas que impiden su desarrollo. Jamás se tendrá el amor a la verdad sin haber pasado antes por un curso de educación estricta.

Nunca he podido comprender ese afán que a muchos acomete de escribir para el público sin tener nada que ofrecerle. Repetir lo que todos han dicho; discurrir sin término sobre asuntos destituidos de importancia; desleír una cantidad insignificante de pensamiento en un mar de palabras; parlotear mecánicamente como un grafófono, esto no es escribir ni es nada.

Para ser escritor y cumplir con una misión se debe tener significación propia, verdadera personalidad. Sin esas condiciones, trabajo perdido será el que se tome para influir de alguna manera en la sociedad en que se vive. De nada sirve predicar bellas teorías cuando se practican las contrarias. Multitud de escritores conozco yo que hacen uso de dos órdenes de ideas: las que emplean en sus publicaciones y las que se reservan para su gasto particular.

Incalculable es la cantidad de papel y tinta que se desperdicia así en estos países pretendiendo divulgar ideas y desarrollar sentimientos en las masas que nunca germinan. ¿Es la semilla de mala calidad? ¿No está el terreno preparado convenientemente para recibirla? El erial permanece inalterable.

Coged toda esa balumba de periódicos y folletos que constantemente arrojan de sí las prensas de la América Central, sometedlos a una especie de operación química para sacar de ellos la quinta esencia y veréis lo que queda.

Por todas partes materia inerte o piltrafas de desecho, salvo uno que otro elemento con vida de contados escritores, que en nada influyen en la marcha general de la sociedad, oprimidos como están por una vegetación obscura, apretada, sin flores y sin frutas.

¡Y qué mal hacemos en dar pábulo a esta germinación de tonterías! Nos ahogamos en un mar de disparates. El sentido común ha ido a refugiarse muy lejos de nosotros. Con razón pedía el gran Montagnie leyes coercitivas contra los escritores ineptos, como las hay contra los vagos y mal entretenidos. Nada me importa asegurar que entre nosotros debería ser este un asunto de policía, aunque tuviera yo que marchar a la cabeza.

A pesar de nuestra malicia y escepticismo en todo, tenemos en ciertas cosas un candor incomprensible. Hemos oído decir que la prensa es un elemento importantísimo para el progreso. Pues a multiplicar las imprentas, a proteger periódicos y publicaciones, que llevan por donde van, la peste de las ideas falsas, de los sentimientos insanos, sembrando por todas partes los gérmenes de la intolerancia, de la presunción, de la majadería más resistente de extirparse, que no dan otros frutos que los que hemos estado cosechando con grande escándalo para el mundo.

Más necesarios para el hombre que los productos de la imprenta, son los alimentos de que se sirve para sustentar la vida. ¿Por qué se persigue a los que se dedican a falsificar esos alimentos y se deja impunes a quienes le envenenan el alma con malas producciones? Un mal escritor es un ser sospechoso, a quien debería vigilársele. Cuando por las ideas que esparce al viento no es un agente activo del desorden y de la anarquía, es, al menos, un gran corruptor del gusto. La inmensa muchedumbre pasa su tiempo emborronando garrapatos y caridad sería que se les hiciese volver a las escuelas.

¡Ya lo creo que la prensa es uno de los resortes más poderosos que empujan a los pueblos a su mejoramiento! Pero es la prensa ilustrada, manejada por hombres eminentes en todos los ramos, inspirada por sentimientos elevados de moralidad. La prensa en manos de los tontos, de los ignorantes, de los perversos, siempre es funesta y mucho más para países habitados en su mayor parte por gentes sencillas y analfabetas, fáciles de dejarse arrastrar por los movimientos pasionales de semejantes escritores.

Apotegma que corre con gran favor entre nosotros es el de que los errores de la prensa se corrigen con la prensa. ¡Qué lamentable desconocimiento de la influencia avasalladora del medio ambiente!

Ese apotegma es verdadero donde existe una opinión pública cimentada sobre bases sólidas. Es falso, donde lo que se tiene por opinión es la gritería del momento, sentimientos mudables que cambian según las circunstancias predominantes.

A ninguna persona de refinada cultura se le ocurriría discutir en la plaza pública con una verdulera. Si cayese en semejante aberración, todas las ventajas estarían de parte de la última y la rechifla y la burla ahogarían todos sus argumentos.

Eso es la prensa en países atrasados. La chocarrería priva en ella, los dichos vulgares hacen la delicia del gran público, que permanece impasible ante los más sólidos razonamientos, la gracia incomparable del estilo, la elegancia soberana del lenguaje más acabado.

Hay animales de caparazón tan recia, que la fina saeta no les hiere y para causarles impresión preciso sería tratarlos a cañonazos.

De seguir por este camino, me vería obligado a escribir un prólogo más extenso que el libro mismo del señor Lagos. Le ruego me perdone si estrujo tan rudamente sus teorías más queridas.

Consuélele la idea de que ha producido un libro útil, que viene a llenar, en parte, la necesidad que se siente de estudios históricos no falseados por las pasiones políticas y destinados a volver por los fueros de la verdad, tan castigados por las generaciones que han venido a la vida, después de los primeros días de nuestra independencia.

J. Antonio López G.

Santa Tecla, agosto de 1908.

CAPÍTULO I: CONDUCTA DE LOS CORTESANOS

El 27 de agosto de 1876 se inauguró en el puerto de Amapala el gobierno del doctor Marco Aurelio Soto. Llegaba enviado por el presidente de Guatemala, Justo Rufino Barrios, que pretendía ejercer dominación en Centro América; pero se presentaba como pacificador de la horrorosa guerra civil que devastaba entonces al país y el pueblo hondureño lo aceptó con gran satisfacción.

Se restableció la paz; organizó el doctor Soto la administración y gobernó varios años tranquilo; más el general Barrios no estaba satisfecho con la influencia que ejercía; deseaba gobernar del todo a Centro América, y, tomando de pretexto la hermosa bandera de la Unión nacional, invitó al doctor Soto a adherirse a un pacto que le presentaron los señores Dr. Salvador Gallegos y don Delfino Sánchez, Ministros Plenipotenciarios del Salvador y Guatemala.

El Dr. Soto era sincero partidario de la Unión, pero la deseaba en condiciones honrosas y convenientes para los Estados. Discutió con los señores Gallegos y Sánchez el pacto y lo suscribió con algunas reformas. Estas desagradaron mucho al general Barrios y calificó de ingrato al Dr. Soto.

Se propuso derrocarlo, con el mismo derecho con que le había elevado, y situó en Chiquimula un ejército para invadir el territorio hondureño. No había motivo ostensible para la guerra, pero el enojo de Barrios era razón bastante para que corriera en abundancia la sangre de dos pueblos. Ni los guatemaltecos ni los hondureños la deseaban, no sabían siquiera por qué iban a abatirse; no importaba.

Los pueblos deben matarse, y se matan por las ambiciones o los caprichos de los que aceptan como amos. El doctor Soto podía contar con el auxilio de los presidentes de Costa Rica y Nicaragua, pero Barrios podía obtenerlo del presidente del Salvador y, en ese caso, la guerra hubiera sido siempre desventajosa para Honduras. No quiso el doctor Soto causar sacrificios inmensos a su patria, y determinó evitar la guerra retirándose del poder. Depositó la Presidencia el 9 de mayo de 1883, aparentemente en el Consejo de Ministros, realmente en el general Enrique Gutiérrez, y salió del país con el pretexto de ir a Estados Unidos y Europa a curarse de enfermedad que padecía.

Dejó el Dr. Soto organizado el gobierno así: general Enrique Gutiérrez, ministro de la guerra, relaciones exteriores y fomento;

general Luis Bográn, de gobernación, justicia e instrucción pública; Dr. Rafael Alvarado Manzano, de hacienda.

El general Barrios se contentó con el depósito y suspendió sus aprestos bélicos; pero exigió que no volviese el doctor Soto al poder. Fue preciso pedir a este que enviase su renuncia y la envió el 27 de agosto del mismo año desde San Francisco de California.

El general Enrique Gutiérrez, que tenía el poder, habría sido electo presidente al admitirse la renuncia del doctor Soto. Por desgracia adolecía de una enfermedad crónica que se le hizo grave de repente y murió el 13 de septiembre*. Quedó el poder al general Luis Bográn, ministro de gobernación, y cuando se practicaron las elecciones en virtud de convocatoria de 19 de octubre, día en que se declaró aceptada la renuncia del doctor Soto, fue electo el general Bográn. Se le dio posesión el 30 de noviembre, y en esa fecha comenzó el periodo constitucional, que debía principiar el primero de febrero.

El Dr. Soto, hombre ilustrado, verdadero estadista, había hecho progresar la nación.

Extirpó la anarquía que fomentaban los maquiavélicos gobernantes de Guatemala y el Salvador; aumentó la Hacienda Pública; mejoró el correo; creó el telégrafo; abrió carreteras; organizó el ejército; estableció la legislación patria, derogando las antiguas leyes españolas, que por indiferentismo e ignorancia se conservaban; separó el Estado de la Iglesia; difundió y ensanchó la instrucción pública; fomentó las bellas letras; protegió la agricultura; pero no permitió que se practicase ninguna de las libertades públicas y su separación del poder fue vista con gusto por todos los ciudadanos que aspiraban a ejercer sus derechos. A Bográn se le creía honrado y patriota y el pueblo lo aceptó sin desagrado.

En los primeros años de su gobierno, en verdad, demostró Bográn buenos propósitos. Antes de dictar alguna resolución, consultaba con sus Ministros, y si ninguno le hacía observaciones no quedaba satisfecho. Oyósele decir: "Desconfío de las unanimidades: cuando en casos graves mis Ministros están todos absolutamente de acuerdo conmigo, sin encontrar, según dicen, la más ligera objeción que hacerme, dudo de su sinceridad". Pero con la conducta débil que observaba y los malos consejos de los que le rodeaban, se extravió

---

* Algunos creen que murió envenenado.

hasta caer en graves actos de despotismo. Sin embargo no cortó en absoluto la libertad de imprenta ni la de asociación, ni se propuso perpetuarse en el poder.

El 30 de noviembre de 1887 terminaba el periodo presidencial de Bográn. Con tiempo debía tratarse de los candidatos para la elección del que debía gobernar en el periodo siguiente; faltaba menos de un año y nadie se atrevía a iniciar trabajos en favor de ninguno. Los ciudadanos permanecían perplejos y mudos, como sucede siempre en países donde el pueblo jamás ha ejercido sus derechos.

¡Triste condición la de los pueblos esclavos! Aunque se trate de sus más grandes intereses, todos los ciudadanos callan, ninguno tiene ánimo para expresar sus deseos. Piensan que si los expresan será inútilmente porque se hará lo que disponga el que tiene la fuerza. Creen que la fuerza la tiene el gobernante en todo caso, cuando en realidad, si la tiene para oprimir es por la complicidad de unos y por la tolerancia de la generalidad que padece. Se imaginan que al ejercer su derecho solo experimentarán dolor, y el dolor espanta a toda alma esclava: en la opresión ha perdido la fe, ha perdido la voluntad, ha perdido la dignidad, y no puede ya sentir la virtud del martirio por la causa del derecho. Así, no era extraño que ninguno se atreviera a abrir la campaña electoral.

La Constitución permitía la reelección. Bográn deseaba continuar en el poder, como lo desean todos, y más si lo tienen absoluto, pero no quería imponerse descaradamente. Tenía conciencia de no haber sido tirano, comprendía que no era generalmente odiado, suponía que sería reelecto aún sin ejecutar presión, y como no se abrían los trabajos electorales, esperando los ciudadanos como súbditos que él manifestara su voluntad, convoco una junta de varios hombres prominentes, y reunidos el siete de enero les dijo:

—Deseo se proceda a elegir mi sucesor con libertad. Bien sé que la Constitución permite que me reelijan, saben todos que queriendo podría hacerme reelegir; pero lo creo inconveniente para el país y sobre todo deseo dar un ejemplo que ningún gobernante se atreverá después a contrariar; y quedará definitivamente implantado en Honduras el principio de alternabilidad.

No había en sus palabras sinceridad, como se vio a continuación; pero se daba lugar al derecho y esto era algo en donde el pueblo jamás lo había ejercido. Algunos aplaudieron los propósitos que Bográn manifestaba, otros, por interés del momento, clamaron pidiendo la reelección. Se tomaron los votos y por mayoría quedó resuelta la reelección, no obstante ser mala, como el mismo Bográn lo declaraba. En consecuencia se presentó su candidatura.

Duele ver cómo proceden en países oprimidos los hombres políticos en momentos de suprema importancia que deciden de la suerte de la patria. Muy pocos reflexionan sobre lo que interesa o perjudica a la nación; casi todos cegados por el egoísmo trabaja solo por lo que creen su gran interés.

Bográn manifestaba en la junta que quería la alternabilidad porque era lo conveniente para el país; más en su interior anhelaba ser reelecto. Sus amigos y empleados lo comprendieron y secundaron no las palabras sino los íntimos deseos. Esta es siempre la conducta cortesana. Los que apoyan al poderoso tienen como necesidad el complacerlo; las almas débiles no pueden sino estar de rodillas. Abdicar la propia voluntad, contribuir al despotismo, atraer para sí y los demás las desgracias, es secundario; satisfacer su abyección, calmar el hambre del momento con el mendrugo del presupuesto, es lo indispensable.

¿Después?... Si lo han estado antes y han podido vivir ¿qué importa continuar esclavizados? La reelección era la continuidad de los gobiernos de hecho; un sarcasmo a la soberanía de la nación; sin embargo la acordaron los cortesanos de Bográn.

CAPÍTULO II: LA REELECCIÓN

Las palabras del presidente de la República en la junta de notables eran de significación importantísima: preparaban una transformación en el gobierno. Hasta ese día el poder personal estaba en su plenitud; Bográn lo hacía descender con promesas de libertad, y si se cumplían, la nación tendría que entrar necesariamente en agitaciones profundas.

Los conscrvadores se dolían de que la libertad se concediera, de que el poder personal a que estaban adheridos comenzara a debilitarse; pero iniciado el impulso ya no podría retroceder Bográn sin caer en peor concepto, y los que representaban la oposición latente se apresuraron a emprender trabajos para presentar un candidato contrario a la reelección.

Al principio no podían estos encontrar prosélitos. Acostumbrado el pueblo al espectáculo de los candidatos oficiales, hasta los ciudadanos conscientes creían que era inútil, además de peligroso, luchar contra el gobierno; y con esta creencia rehusaban unirse a unos pocos que calificaban de imprudentes.

Los pueblos son como los individuos: aman solo lo que conocen. Donde los ciudadanos han practicado ya sus derechos, saben que muchos unidos centuplican la fuerza que tendrían si estuvieran aislados, y procuran asociarse; saben que la más valiosa manifestación de la soberanía es el voto independiente, y se inscriben en las listas electorales, van de grado a los comicios, no flaquean y dan el voto según su voluntad. Padecen molestias, penas, persecuciones del que tiene el poder; burla este el resultado de la elección si le es contrario: no importa, insisten otra vez, insisten siempre, la conciencia de su derecho les da aliento, no se desesperan, proceden con calma pero sin desmayar, y así logran implantar la libertad.

En los países donde los ciudadanos no saben lo que se gana practicando el derecho, no lo aman y permanecen inactivos, aislados, y en las épocas de elecciones rehúsan inscribirse, se excusan de concurrir a la elección, y si se les obliga a concurrir, dan su voto con sensible indiferencia para complacer al que los humilla, los oprime, los esclaviza. No era pues extraño que los opositores a la reelección tuvieran dificultades para que otros ciudadanos les ayudaran a combatirla.

El pueblo Hondureño, siempre oprimido, por lo mismo ignorante de los medios que deben emplearse para afianzar el derecho, se fijaba solamente en que es difícil y doloroso luchar contra el que tiene la fuerza. Cierto; pero aunque así sea, debe hacerse oposición a las candidaturas oficiales, porque la lucha es siempre provechosa.

El gobernante se encoleriza y se sobrepone con la violencia; pero los dolores que se sufren hacen nacer en las conciencias el odio a la injusticia, poco a poco se despierta y se ensancha el sentimiento de la legalidad, resplandecen las buenas ideas, crecen las energías, se moraliza el pueblo y, entonces triunfa el derecho.

Por fin, aún con dificultades para concertarse, varios ciudadanos proclamaron en Tegucigalpa la candidatura del doctor Céleo Arias, hombre culminante, que hacía alarde de ideas liberales; y el licenciado Policarpo Bonilla, joven inteligente y enérgico, publicó un folleto en su favor.

Mala fue la adopción de esa candidatura. Arias había sido ya presidente, y en los diez y ocho meses de su administración se mostró la tiranía de la manera más horrorosa. El pueblo se levantó, y para debelar la insurrección hacía Arias recorrer el territorio por columnas de tropas expedicionarias, dando a los jefes facultades ilimitadas en pliegos en blanco con su firma al pie.

Estos fusilaban, ahorcaban a sus enemigos, se dio el caso de que uno de esos jefes arrojara en la bahía de Amapala, frente a Punta Remolinos, a un hombre engrillado[†]; atormentaban con crueldad inconcebible a los que se suponían serlo, y a los que no entregaban inmediatamente las sumas de dinero que les exigían; violaban, saqueaban, incendiaban; por todas partes la deshonra la desolación, el exterminio, la muerte.

Aquella era una situación muy anómala, y en toda situación de esa índole prolongada en un país, padecen grandemente los Estados vecinos. Intervinieron El Salvador y Guatemala para restablecer el orden, y Arias cayó.

Ningún gobernante derrocado recobra el poder. Por lo mismo, designar a Arias como candidato para la presidencia era desatender las leyes inmutables de la sociedad. Los que gobiernan atropellando la justicia llevan sobre sí, cuando caen, el odio y rencor de los pueblos.

[†] Un señor Umansor.

De aquí que su vuelta al poder se haga del todo imposible; y esa ley se cumplía inexorablemente en justo castigo a los malos procederes. El doctor Arias debía saber esto, era ilustrado, y patentes están las enseñanzas de la historia. Sin embargo, en vez de empeñarse con desinterés en que se escogiera un candidato que pudiera ser bien aceptado por el pueblo, para que el partido liberal trabajara con provecho en favor de la sociedad, por amor propio y por egoísmo, aceptó la candidatura y presentó un buen programa de gobierno intitulado "Mis ideas".

Habiendo gobernado ya arbitrariamente, nadie podría confiar en que respetaría el derecho, en que concediera los grandes beneficios de la libertad, por más que lo prometiera. Por lo mismo, no era bueno para competir con Bográn en la lucha electoral. Todos recordaban los actos de su gobierno y le temían; Bográn era tolerante, y si algunos estaban descontentos, no lo odiaban. Debía, pues, ser preferido este por el pueblo, aunque no se creyera buena la reelección.

Emprendida la lucha, gozaron de libertad los que trabajaban en favor del doctor Arias; no obstante, triunfó la idea reeleccionista con gran mayoría. Los hombres de buenas ideas confiaban en que al inaugurar Bográn su segundo periodo haría en el gabinete modificaciones que correspondían a la política reformadora que parecía iniciar. Contra esas esperanzas lo organizó así: licenciado Crescencio Gómez, ministro de gobernación; licenciado Jerónimo Zelaya, de relaciones exteriores; general Ponciano Leiva, de la guerra; don Abelardo Zelaya, de hacienda; don Francisco Planas, de fomento; Dr. Rafael Alvarado Manzano, de justicia e instrucción pública.

Estos hombres eran: unos ilustrados; otros, ricos; todos de buena educación social; pero tendían el grave inconveniente de que servían desde hacía mucho tiempo en el gobierno, y aunque al principio hubieran tenido buenas ideas, con el tiempo se habían vuelto conservadores.

Los conservadores jamás aprenden las lecciones de la experiencia, son siempre intransigentes, y los intransigentes, en momentos de lucha, en vez de calmar la agitación la aumentan procurando contener con la fuerza bruta el avance progresivo. Si Bográn deseaba que terminaran en el país los cambios administrativos por medios violentos y el gobierno dictatorial, régimen que prevalecía, debió buscar para su gabinete hombres nuevos que tuviesen bastante valor para dejar a la prensa todo su vuelo y a las reuniones toda su exaltación.

De esa manera los irreconciliables se destrozarían los unos a los otros, y el gobierno estaría siempre fuerte; pero iniciar una época de libertad con sus mismos hombres apegados a las ideas viejas, era malo, porque estos habrían de contenerle sus excelentes impulsos, y el contenerse sería su descrédito y su ruina. Así, con ese gabinete falseaba Bográn su nueva política, y su segundo periodo sería difícil.

Burlada la opinión pública tendría que ponerse en lucha abierta con ella, y, o cambiaba sus Ministros, haciendo el sacrificio del amor propio, o recogería amargas decepciones.

CAPÍTULO III: LA PRENSA POPULAR

La libertad de imprenta de que gozaron los opositores en la campaña electoral fue amplia de nombre, muy restringida en la práctica. Solo existían en el país las imprentas del Gobierno, y en ellas, si no se negaban a imprimir los folletos favorables a la candidatura de Arias, lo hacían con tanto retraso que sus partidarios se vieron en la necesidad de mandar imprimir algunos al exterior, mientras que los reeleccionistas tenían todas las facilidades para publicar los suyos.

Imprentas independientes no existían porque, además de que no era negocio tenerlas, no contaban con garantías. En la administración del Dr. Arias, las autoridades despojaron de una imprenta escandalosamente a su propietario, sin devolverle siquiera su valor. Y mucha falta hizo esta vez para los trabajos en favor de su candidatura. Así es el mal, hiere de algún modo al mismo que lo comete.

A fin de remediar las dificultades que tenía la oposición para ejercer la libertad de imprenta, inició el Dr. Bonilla la idea de organizar una sociedad anónima que estableciera en el país tipografías independientes.

El presidente Bográn no solo no puso estorbos a tan buena idea, sino que favoreció la organización de la sociedad suscribiendo, como particular, muchas acciones. Con el buen ejemplo se obtuvieron pronto las acciones que se necesitaban, y en octubre de 1889 se organizó la sociedad anónima, que estableció en Tegucigalpa, en agosto de 1890, una tipografía con la denominación de "Prensa Popular".

El presidente Bográn asistió a la inauguración de esa tipografía y presidió la reunión, excitado por el presidente de la Sociedad. La concurrencia era numerosa, y en ella se notaba entusiasmo, como demostración de que todos estaban satisfechos. Varios oradores pronunciaron discursos sobre la libertad de la prensa, y después, queriendo el general Bográn infundir confianza para que se practicara sin temor ese precioso derecho, hizo declaraciones brillantes que honran muchísimo al Magistrado y al ciudadano.

Dijo: "que al prometer cumplir y hacer cumplir la Constitución, sin necesidad de promesa especial, quedó obligado a respetar la libertad de la prensa, derecho de los más importantes que garantiza la

Carta Fundamental; que él no solo la respetaba sino que estimulaba a los escritores para que de ella hicieran uso, de modo que si no se ejercía no era culpa de su gobierno sino de sus ciudadanos; y que, aunque la Constitución no la garantizara, él la otorgaría al pueblo, porque estaba convencido de que solo con la libertad de la prensa es posible conocer la verdadera opinión pública y gobernar con arreglo a ella".

Al levantarse la sesión, regaló al Dr. Bonilla, presidente de la sociedad, una pluma de oro, que tenía grabado su monograma L. B., y le manifestó que se la daba para que escribiese lo que iba a publicar, recomendándole únicamente escribir siempre la verdad.

¡Hermosa galantería de gobernante!

Digno de grandísimos elogios es el Gral. Bográn por su procedimiento, no solo de respetar sino de estimular sin doblez el ejercicio de la libertad de la prensa; y es de admirarse esa conducta, porque en Honduras todos los gobernantes la han oprimido con descaro. Ha habido algunos que la han dejado libre, pero ha sido aparentemente, mientras los ataques se han dirigido solo a los Ministros y a los empleados inferiores. Al dirigirse al presidente no han podido soportarlos, y con el pretexto de los excesos la han suprimido.

Esta susceptibilidad no debe extrañarse. Donde la libertad no se halla en las costumbres del pueblo sino que se presenta ocasionalmente por la desgracia de los que mandan, es natural que estos no se resignen a que se les ataque. Acostumbrados a las lisonjas continuas que les dirigen, no por sus méritos sino porque son poderosos, se ensoberbecen y se vuelven tan susceptibles que no resisten la menor censura, y si han concedido la libertad se arrepienten y la recogen.

Cuando la libertad de la prensa no depende de la voluntad del que gobierna sino de la fuerza de las leyes y del apoyo de la opinión, los hombres públicos se acostumbran a los ataques y el pueblo a discernir cuales son los justos y cuales los indebidos, por lo que ninguno se espanta ni menos se sulfura por lo que la prensa le dice. Saben que los defectos de la prensa se corrigen con la prensa misma; saben que el que se excede en el uso de la libertad se desacredita; saben que la censura de los abusos, en vez de perjudicar, es útil; saben que los pueblos tienen muy buen sentido para calificar el mérito de los hombres políticos pro la manera como reciben los ataques que les dirigen.

El político que no sabe sufrir los ataques de sus opositores no es digno de gobernar. El que gobierna debe soportarlos, aunque s ele dirijan en mala forma, sean fundados o infundados. En el primero caso atenderá, para satisfacer a la opinión pública; en el segundo, considerará los insultos como un desahogo de la envidia, consecuencia natural del puesto que ocupa, y los verá con indiferencia convencido de que en nada le perjudican.

De los insultos no se han escapado en ningún país ni los hombres más virtuosos. La prensa de los Estados Unidos dirigió a Washington muchos y de los más fuertes, y por ellos no dejó de ser el primero en el corazón de sus conciudadanos; al Gral. Grant lo insultaron de la manera más procaz, hasta el grado de llamarlo borracho y concusionario, sin embargo, fue elevado a la Presidencia y ha sido uno de los beneméritos de la República.

Pero nuestros inexpertos o vanidosos gobernantes creen que sufrir los insultos es deshonra; que atender las indicaciones juiciosas es debilidad o muestra de ignorancia; que consentir los movimientos de la opinión es atraerse peligros. Se aferran en sus errores, y de aquí que encuentren tantos obstáculos en sus disposiciones y vivan intranquilos.

En los países libres, la prensa, lejos de falsear a los gobernantes, los afirma y les ayuda. Un gran Ministro inglés decía "que en Inglaterra es muy fácil gobernar, porque se lleva delante el motor de la imprenta y el de las asociaciones, que son las grandes corrientes de la política"; y esas corrientes libres en Inglaterra la han hecho la nación más poderosa del mundo.

Por las declaraciones que hizo Bográn al inaugurarse la "Prensa Popular" se ve que comprendía los beneficios de la libertad de la prensa y las ventajas que obtienen los que gobiernan con la opinión pública. Mas es tal el arraigo de las malas prácticas que si pudo tolerar que se manifestara la opinión no pudo resignarse a complacerla, con lo que la exasperaba, y perdía lo que se proponía utilizar.

Cuando se inauguró la "Prensa Popular" faltaba poco para que concluyera el periodo presidencial. Bográn no hacía preparativos para dar un golpe de Estado con el fin de continuar en el poder, y podía tenerse la certeza de que habría alternabilidad. Los ciudadanos veían esto con satisfacción. Los liberales eran los más contentos: poseían imprenta independiente y podrían entrar en la lucha electoral presentando su candidato.

Mas no hallaban por quien decidirse, porque el Dr. Céleo Arias, reconocido como jefe, había muerto, y ninguno otro tenía prestigios suficientes para que fuese aceptado.

Se manifestaban entre ellos opiniones diversas, pugnaban por mostrarse ambiciones opuestas, y armonizarlas parecía difícil; mas el Dr. Policarpo Bonilla, que se había distinguido como opositor al Gobierno y conquistado con sus ideas muchas simpatías, presentó el proyecto de que se organizaran los partidos políticos para que las convenciones designasen los candidatos, y todos lo aceptaron. La juventud liberal, especialmente, recibió la idea con entusiasmo, y dirigida por el Dr. Bonilla procedió con empeño a organizar su partido.

CAPÍTULO IV: LOS PARTIDOS POLÍTICOS

Los partidos políticos son resultado de una ley de la existencia: la variedad. Si hay ser, hay especies; si hay humanidad, hay razas; si hay filosofía, hay sistemas; si hay religión, hay sectas; si hay política, hay partidos.

En las naciones cuyos ciudadanos pueden moverse con alguna libertad, pronto se forman los partidos y se organizan. En donde el estado oprime fuertemente a los ciudadanos, estos pierden las energías, miran con indiferencia sino con miedo los asuntos públicos y los partidos no se organizan. Así, la falta de partidos políticos en una nación es muestra de tiranía y de abyección social.

Pero si no existen los partidos políticos, como los pueblos tienen necesidad de moverse porque es ley de la vida el movimiento, en su lugar aparecen las facciones, y estas, sin unidad, sin disciplina, luchan al impulso de las pasiones, procuran solo sobreponerse y con facilidad ocurren a la fuerza para conseguirlo.

El poder que prevalece es siempre personal o de camarilla, absorbe todas las voluntades, quita a los demás todos los derechos, y los que padecen, en su desesperación, se ven nuevamente impelidos a la guerra.

Algunos confunden los partidos con las facciones, y por los malos resultados de la lucha de estas, sacan la deducción de que aquellos son perjudiciales para el orden social, y los que gobiernan arbitrariamente se aprovechan de esa creencia y los persiguen. Grave error. Los partidos políticos, lejos de ser perjudiciales, son siempre útiles a la sociedad. Por su organización tienen unidad, observan la disciplina; por la disciplina ninguno infringe su programa, y en la lucha de ideas que sostienen, la razón se sobrepone, se apagan las ambiciones personales y todos caminan dentro de la legalidad. El partido que llega al poder se conduce bien para mantenerse en él, pues si atropella las leyes o no sabe administrar pierde la opinión, se debilita y otro partido lo reemplaza. De ese modo las guerras se hacen imposibles, la alternabilidad es efectiva, la libertad se afianza y la nación se vuelve rica, virosa y grande.

Por esto, los gobernantes bien intencionados, en vez de perseguir a los partidos, deben procurar que se organicen; pero deben organizarse los que existen, porque si solo uno lo hace y llega al poder, el otro se retrae y entonces no teniendo aquel estímulos nobles para la lucha, se despiertan las ambiciones personales entre los que lo componen, se desborda, chocan entre sí y destruyen el partido: las facciones vuelven a convertirse en facciones, dañosas a la sociedad.

El fin de las facciones es siempre mezquino. Van tras el aprovechamiento propio; sobreponen el interés particular al interés general; subordinan el todo, que es la nación, a la parte, que es el grupo. El fin de los partidos es grande: es un ideal que interesa a toda la sociedad.

Puede el ideal ser una aberración, como es oponerse tenazmente a las innovaciones, por su amor a lo pasado; puede ser una irreflexión, como es reformar sin convencer previamente para que se acepte y afirme la reforma; pero como quiera que sea, el propósito es laudable, porque se ve el deseo del bien de la nación sobre el provecho personal.

No quiere decir esto que los intereses particulares desaparecen en absoluto de los partidos políticos. No; es imposible que desaparezcan. El hombre se mueve a veces impelido por la necesidad propia. Pero esa necesidad figura en los partidos en pequeña parte; domina el interés general, y se ve en ocasiones resplandecer el desprendimiento. Mientras que en las facciones el interés general se pierde por completo; los que las forman solo buscan la explotación y las venganzas, y con esta conducta corrompen la sociedad, perjudican a sus descendientes y, sobre todo, arruinan a la patria.

Perjudiciales, perjudicialísimas son las facciones; benéficos, muy benéficos son los partidos. Por lo mismo, los hombres que tengan ambiciones nobles, los que no estén rebajados al extremo de vivir conformes con la tiranía, deben aspirar a que desaparezcan las facciones.

Y para que esto suceda, el único medio es empeñarse en que los partidos se formen y organicen. Cuando podamos ver en el país a los partidos progresistas avanzando sin precipitarse, procurando la libertad sin el exceso; a los conservadores sosteniendo la libertad sin la reacción, guardando el orden sin la presión, y a todos sucediéndose legalmente en el poder, con garantías, seguridades generales, entonces, y solo entonces, gozaremos de bienestar y marchará nuestra sociedad a su perfeccionamiento.

CAPÍTULO V: LA SUBLEVACIÓN

Los ciudadanos se ocuparon en la organización de los partidos políticos. Algunos de los liberales influyentes acababan de reunirse para sentar las bases provisionales del suyo, nadie pensaba en trabajos contrarios al orden, la paz era completa, e, inesperadamente, un hecho funesto conmovió de modo violento a la nación. Como a las seis de la tarde del día ocho de noviembre de 1890, salió del cuartel de San Francisco el comandante de armas del departamento de Tegucigalpa, general Longino Sánchez, con un pelotón de infantería.

Se dirige al Palacio del Ejecutivo, llega, arregla las guardias y se rebela contra el presidente de la República. El general Bográn no estaba en Palacio en aquellos instantes. Sin sospechar nada, sin temor ninguno había salido después de las horas de su despacho a visitar a una familia que habitaba a unos ochenta metros de distancia. Allí recibe aviso de la sublevación y se sorprende porque ha creído fiel a aquel empleado.

No le falta el ánimo y quiere dirigirse en el acto a presentarse a la tropa para recuperar la obediencia; pero ha pasado ya el momento en que un jefe enérgico puede contener la traición, desiste prudentemente de intentarlo y manda a sus ayudantes a llamar a sus amigos y a otros ciudadanos para disponer con ellos la defensa.

Muchos concurren en corto tiempo, algunos de importancia como los licenciados Policarpo Bonilla, Miguel R. Dávila y Dionisio Gutiérrez, el general José María Reina y el coronel Rafael López Gutiérrez, quienes, si bien son opositores al gobierno, desean sostener la legitimidad. Muy pocos se le presentaron a Bográn de los que se llamaban sus amigos, lo que no era de extrañarse, porque así proceden siempre en el momento del peligro los que apoyan el poder de un solo hombre con fines interesados.

Sánchez sabía dónde estaba Bográn, por fortuna no se le ocurrió dar orden de prenderlo inmediatamente para evitar que organizase la defensa; ni se le ocurrió ocupar la oficina central del telégrafo antes de que se supiese el hecho, para que no se comunicara la noticia a los departamentos; ni se le ocurrió sacar las tropas a reclutar milicianos y a guardar las salidas de la ciudad, cosas que indicaba el vulgar sentido.

Solo atendió como principal medida a encarcelar a algunos de sus más odiados enemigos para satisfacer personales venganzas *, y dejó pasar sin disponer lo conveniente, los primeros instantes, que son los más valiosos para el logro de atrevidas empresas. Cuando quiso prender a Bográn ya se había retirado con muchos patriotas a la villa próxima de Comayagüela, y cuando ocupó el telégrafo, este llevaba ya la nueva del horrible suceso con las ordenes de levantar el ejército que había de destruir la sublevación.

El general Bográn llegó a la plaza de Comayagüela con los patriotas presentados y allí se le agregaron muchos vecinos que había reunido el coronel Erasmo Velásquez. Dispuso la organización de la milicia, que ascendió a cerca de trescientos hombres, pero solo se contaban unos cien armados de fusiles Winchester y revólveres. Con esta fuerza nada se podía intentar. Sin embargo era preciso que se vigilaran los movimientos de Sánchez y ordenó que se colocara un puesto avanzado en el medio del puente que une las dos poblaciones; un sostén en la entrada, y que se distribuyesen guerrillas en la ribera izquierda del río "Choluteca".

El general José María Reina, nombrado jefe de los patriotas, ejecutó inmediatamente esas disposiciones. Después de saciar el general Sánchez de modo cruel sus primeras venganzas, se entretuvo en organizar los cuarteles y la penitenciaría con los oficiales en quienes podía confiar, y cuando estuvo ya seguro de ser obedecido en todas partes, determinó perseguir a Bográn. No tenía un jefe respetable que lo ayudase, y él mismo se dirigió, como a las once de la noche, con cien hombres de tropa a pasar el puente. Se le hicieron descargas para contenerlo, retrocedió precipitadamente y desplegó a sus soldados en la ribera del río.

Por la distribución de las tropas de Sánchez que ocupaban posiciones se comprendía que en la noche aquél no volvería a tratar de ir a Comayagüela; pero al amanecer podría intentar pasar por un punto distinto del puente, al ver que las fuerzas que defendían el río eran escasas y estaban mal armadas. Si forzaba el paso haría carnicería en los patriotas, y en previsión de esto resolvió prudentemente el Gral. Bográn retirarse a la aldea de Támara, punto importante para la concentración de las tropas de los departamentos más cercanos. Comunicadas a los diversos puestos las órdenes de

---

* Una de ellas fue haber golpeado brutalmente y después mandado fusilar al Dr. Simeón Martínez, Ministro de Hacienda.

marcha, se emprendió como a las tres de la madrugada, sin ruido y en buen orden. Sánchez no advirtió que se desocupaba Comayagüela, no se movió de sus posiciones, y la columna llegó sin ningún contratiempo a Támara, distante treinta kilómetros, a eso de las diez de la mañana. Quedaron algunos rezagados por no poder caminar a pie, y fueron llegando sucesivamente.

En Támara dispuso el presidente Bográn la reorganización del cuerpo de patriotas. Nombró mayor general al Brigadier Reina, segundo de este al coronel Rafael López Gutiérrez, y dictó varias otras disposiciones de importancia, entre ellas la declaratoria de estado de sitio y el nombramiento de ministro general, recaído en el subsecretario de la guerra, don Carlos F. Alvarado, pues ninguno de los ministros lo acompañaba. Para el caso de que saliera Sánchez de la ciudad se dispuso la necesaria vigilancia, pero no se atrevió a salir porque desconfiaba de sus tropas y se le hacía el vacío por todas partes, reprobando la sociedad el hecho monstruoso que había cometido.

Al día siguiente de estar Bográn en Támara concurrieron las primeras tropas de La Paz y Comayagua. Por las largas jornadas llegaron rendidos casi todos los soldados. Se les dio sus armas a los patriotas tegucigalpenses, y se ordenó a estos salir a acampar en el cerro de Sipile, próximo a Comayagüela. El 11 concurrieron las tropas de Yuscarán y el 12 las de Intibucá y Choluteca.

Ese último día regresó el general Bográn con una compañía de Intibucá y los patriotas que habían quedado con él a incorporarse al ejército, que estaba ya en número suficiente para tomar la ofensiva. De la altura de Sipile practicó el reconocimiento de las posiciones del enemigo y dictó el plan de combate que debía comenzar al llegar el general Santos Bardales con la tropa amapalina y la artillería. Al anochecer se efectuó el despliegue en el mayor silencio. El general Reina y los coroneles Dávila y Velásquez ocuparon la Escuela de Artes; y el general Matute la casa de doña Luisa López y contiguas, en oposición frente del enemigo. El general Bardales llegó a las once de la noche, colocó su tropa a retaguardia, ordenando que se levantara una barricada en la primera cuadra de la calle principal de Comayagüela, y situó la artillería en el cerro de Juana Laínez, al sur de Tegucigalpa.

El general Sánchez no era militar instruido, pero era valiente; desde muy joven comenzó su carrera, había peleado en muchas campañas y con la práctica adquirió algún conocimiento del arte difícil de la guerra. Comprendió que con la poca gente de que disponía, unos cuatrocientos hombres, pues no le fue posible reclutar, no podría extender sus líneas de defensa hasta Comayagüela. Resolvió reducirse al centro de Tegucigalpa; y buscando para la defensa los edificios más sólidos y obstáculos naturales del terreno, adoptó dos líneas de combate en ángulo recto, cuyo vértice era la penitenciaría. La línea principal se extendía de la penitenciaría hacia el norte, afianzada en la iglesia y cuartel de San Francisco, y terminaba en el cerro "La Leona": aquí situó la artillería. La otra línea se extendía hacia el occidente por la ribera derecha del río Chiquito y la del Choluteca, terminando en el borde frente a la poza de "Martínez". Estas líneas parecían fuertes; pero descubierta la hipotenusa no tenían solidez: podían ser envueltas.

En efecto: después de haberse ordenado que se desplegaran a su frente líneas de tiradores, el coronel Dolores Serrano, con una compañía de valerosos cholutecas, efectuando un movimiento envolvente pasó el río Grande, penetró en el barrio abajo, que formaba la hipotenusa, sin que pudiera el enemigo impedirlo, y se situó casi a espaldas de su línea del río. Esta línea era ya insostenible, y a las diez del día trece se replegó a la plaza de San Francisco. El general Bográn ordenó el avance de las tropas que estaban en Comayagüela, y el general Matute ocupó el palacio y casa presidencial, y los coroneles Dávila, Gutiérrez, Velásquez y López Gutiérrez las otras posiciones. El ataque se dirigió entonces contra la posición de La Leona y fue tomada en la tarde. La Penitenciaría se rindió en la mañana siguiente y quedaron rodeados el cuartel y la iglesia de San Francisco.

No podía Sánchez continuar la resistencia, ni quería capitular. Procurando salvarse proyectó salir de San Francisco hacia el este, por sobre la línea sitiadora, y a las tres de la mañana del 15 efectuó la salida con unos cincuenta hombres de los más valerosos, que dividió en dos pelotones. Tomó él a la derecha y pasó frente a la casa de la escuela de niñas, ocupada por los coroneles Gutiérrez y Dávila. Se empeñó un fuego muy rápido, pero fue imposible detenerlo porque las tropas gobiernistas no habían levantado barricadas en las calles y peleaban a pecho descubierto. De una y otra parte quedaron en pocos minutos varios muertos y heridos.

Fuera ya de la ciudad se creía Sánchez a salvo y se dirigía a Nicaragua; mas a pocas leguas de distancia le cerraron el paso una escolta de patriotas de San Antonio de Oriente y fuerzas que venían de Danlí al mando del general Vitalicio Laínez. Prefirió la muerte a caer prisionero y se suicidó. Su cuerpo fue llevado a Tegucigalpa.

Siete días de inquietud en el país y de angustias en la capital, muchas vidas perdidas, el comercio paralizado, edificios arruinados, descrédito en el exterior, desconfianza en el interior, dinero que debía servir para el progreso invertido en el retroceso, todo esto fue resultado de un acto sin reflexión ejecutado al impulso de las malas pasiones; pero que ocurrió solo por no preverlo quien pudo haberlo evitado. Sánchez era natural de Nicaragua.

Llegó a Honduras por primera vez con ejército salvadoreño, el año de 1872, para elevar al poder al Dr. Céleo Arias; volvió el 76, siempre con ejército salvadoreño, para auxiliar a don Ponciano Leiva, y se estableció en el país en la administración del Dr. Marco Aurelio Soto, alcanzando el grado de general de división. Poco después de recibir la presidencia, el general Bográn lo nombró gobernador político y comandante de armas de Tegucigalpa, y siente años llevaba ya de servir estos puestos cuando se rebeló.

Bográn había tenido en él absoluta confianza y le había dado facultades muy amplias: esto lo perdió. El hábito de ordenar sin oposición lo hizo déspota. Concedida la libertad de la prensa le eran enrostradas sus faltas, quería vengarse de los que lo atacaban y Bográn se lo estorbaba. Enojado por la contrariedad se quejaba de Bográn y este le fue quitando su confianza. Al no tenérsela debió separarlo de sus empleos. Solo le quitó el mando político y le dejó imprudentemente el mando militar.

No se puede sin peligro humillar a un hombre ensoberbecido con muchos años de poder y dejarle el poder. Lo que resultó fue horrible, el fin muy doloroso, y pudo tener peores consecuencias. Mas no es solo de notarse la impresión del general Bográn; debe observarse la facilidad con que Sánchez, comandante de armas, cometió sus crimen.

La obediencia ciega de los oficiales y soldados a una orden indebida contra un jefe superior, y la resignación para pelear y morir defendiendo a la maldad, son el resultado triste del régimen enervador del despotismo. Bajo este régimen, donde un solo hombre es todo, los demás pierden las nociones de justicia, derechos, legitimidad, y con mayor razón el ejército, a quien s el enseña a obedecer sin examen ni disputa. Sánchez no habría podido traicionar en una nación donde nadie puede obedecer contra la ley, ni el subalterno contra un jefe más alto del que da la orden; pero en un país abrumado por la tiranía es fácil que puedan ejecutarse tales cosas.

El temerario que pone la mano en el resorte de la obediencia se convierte en amo, y es obedecido aunque sea para cometer una traición. Los que obedecen creen que no deben calificar la orden. Si hay responsabilidad debe ser del que la ha dado.

Y en verdad, reflexionando así, la tropa que obedeció a Sánchez no es responsable estrictamente. Son culpables los que mantienen el régimen horrible de la fuerza, los que se aferran en sostener el abominable despotismo.

Con la traición de Sánchez recibió Bográn una lección severa, que debió aprovechar; desgraciadamente no supo comprender las saludables enseñanzas y remediar los males sucesivos.

CAPÍTULO VI: CANDIDATOS DE LOS PARTIDOS

Debelada la sublevación mandó el gobierno que fuesen juzgados los jefes y oficiales que habían acompañado al traidor. El tribunal militar sentenció a la pena capital a dieciocho; pero dándose lugar a la razón y a la clemencia se conmutó a los más culpables la muerte por presidio y se indultó a los demás. La nación aprobó el acto magnánimo, recobró la tranquilidad interrumpida y los ciudadanos volvieron a ocuparse en la organización de los partidos políticos.

Los que predicaban la idea liberal encontraban más prosélitos. En Honduras, aunque los habitantes reciben la educación del despotismo, la naturaleza les inspira el sentimiento de libertad. Altas montañas donde enhiestos pinares forman murmurio encantador; frondosos bosques con miríadas de aves que entonan himno sonoro a la creación; pintorescos valles sembrados de cabañas a cuyas puertas pace libremente el ganado; arroyuelos de luminosa transparencia; llanuras inmensas interrumpidas por montecillos coronados de aromáticas flores; celestes lagos que copian la luz en sus cristales y reflejan riberas cuyo paisaje delicioso exalta el amor a la vida; caudalosos y atronadores ríos, que entre hórridos peñascos se lanzan al océano, o corren profundos, anchos, majestuosos; ese admirable espectáculo ensancha el espíritu y lo indispone contra lo que sujeta y esclaviza.

Además, la diseminación y aislamiento preservan a los ciudadanos de corromperse, y si el despotismo puede sojuzgarlos, siempre están listos a entregarse con delirio a la lucha por el derecho. Por esto tuvo más prosélitos el partido liberal, pronto se organizó y en enero de 1891 se reunió en Tegucigalpa una convención de representantes de los comités departamentales. La convención adoptó las bases constitutivas*, declaró electo jefe del partido al doctor Policarpo Bonilla, y discutió sobre el candidato para la presidencia de la república en el período próximo, del 30 de noviembre de 1891 al 30 de noviembre de 1895.

Algunos representantes indicaron que convenía nombrar candidato del partido liberal a una persona que no fuese el jefe para que este tuviera más extensión e independencia en sus funciones, pero

---

* Véase la nota A en el Apéndice.

la convención resolvió que fuese el mismo doctor Bonilla el candidato. Después, deseando este erradamente que el partido liberal llegase muy luego al poder, trató de atraerse al general Ponciano Leiva, muy amigo de Bográn, y le propuso la candidatura del partido asegurándole que todos los liberales lo proclamarían. Leiva no la aceptó porque tenía ya compromisos con el otro partido que se organizaba ayudado por el general Bográn.

Personas de ideas conservadoras la mayor parte componían ese otro partido, pero no lo dirigían los conservadores principales sino algunos ministros del general Bográn; así más que conservador debía ser un partido ministerial.

Forman siempre este partido todos los empleados públicos y los individuos de espíritu débil, que dominados por el sentimiento del temor o por las necesidades de la vida, están dispuestos a ayudar al gobernante y a sostenerlo aunque cometa desatinos. Partido de tal clase no tiene cohesión ni consistencia y se disuelve con facilidad cuando se presenta algún gran peligro o cambia el personal del gobierno. Por lo mismo, si es útil al gobernante en algunos casos, a la nación le perjudica siempre, y era verdaderamente sensible que el general Bográn y sus íntimos amigos se empeñaran en organizar un partido ministerial.

Organizado ese partido, el liberal se convertiría inevitablemente en partido de oposición sistemática, y este, si no tiene como aquel el egoísmo, tiene la agitación continua, el espíritu de la anarquía, fatal, muy fatal para la libertad y el derecho.

Faltó, pues, al general Bográn y a sus amigos elevación de miras, y sin previsión se concretaron a formar ese partido gubernamental para que les ayudara a dejar en la presidencia un hombre que les fuese de provecho. Los gobernantes creen que dejando en el poder a un amigo íntimo, a ellos les quedará indefinidamente influencia oficial y la posibilidad de volver al poder. Es un error. No solo no vuelven al poder sino que muy pronto los hiere la ingratitud de aquel a quien se han empeñado en favorecer, y experimentan decepciones amargas, son odiados por la generalidad y se ven perseguidos, cuando con una conducta desinteresada habrían podido alcanzar la gratitud de la nación y el aprecio de las generaciones venideras.

Pero la ambición ofusca, las pasiones empujan al error, y ellas empujaron a Bográn y a sus parciales a organizar el partido gobiernista y a dejar en el poder a un favorito, creyendo que era el medio de dar libertades y continuar gozando de granjerías. Intentaron organizarse primero con el nombre de Partido Nacional, pero encontraron mucha oposición entre sus partidarios para aceptar ese nombre porque estaba desacreditado, mal visto por el pueblo. Los que han tenido despóticamente el poder se han arropado con el manto nacional para embaucar al pueblo, y de tanto usarlo ya no engañan. Adoptaron el nombre partido progresista y en febrero reunieron una especie de convención que debía establecer las bases constitutivas, nombrar el jefe y designar el candidato para la presidencia de la república. Mucho se dificultó a la convención ministerial declarar las ideas fundamentales en la constitución del partido, y para ganar tiempo resolvió designar el candidato para la presidencia, antes de hacer los reglamentos.

En la discusión sobre el que debía elegirse hubo gran disidencia, Los más sensatos de los conservadores querían al doctor Manuel Gamero, hombre ilustrado y sin odios; Bográn y la fracción puramente ministerial creían que más les convenía el general Ponciano Leiva, y este obtuvo la mayoría de votos. Los de la minoría se disgustaron porque habiéndoles ofrecido el presidente Bográn apoyarlos a última hora los engañaba, y se separaron del partido. Esa conducta era lógica: era la consecuencia de la falta de ideas. Aquellos, por las apariencias, creían que Leiva les traería la mayor ventaja, y se aferraron a él; estos, no siendo designado el Dr. Gamero, a quien querían, abandonaban a Leiva.

La designación del general Leiva era la peor que podía hacerse. Hombre venerable en lo personal, políticamente había perdido la reputación de que antes gozaba y, para que saliese triunfante, sería preciso hacer uso de la fuerza, causar graves ofensas y dolores. Mas los que no conocen las leyes políticas y van tras del propio interés, por aprovecharse, se despeñan y recogen infortunios.

Nombrados los candidatos, se emprendieron con actividad los trabajos para obtener el triunfo en los comicios. La desigualdad de los dos partidos era evidente. El ministerial gastaba el dinero del erario para conseguir votos y tenía a su servicio a todos los funcionarios públicos: los comandantes de armas, que disponen de todos los inscritos en la milicia; los gobernadores departamentales, jedes de la gendarmería, en cuyas manos está la libertad de los ciudadanos; los administradores de rentas, que dan los estancos y pueden pagar o no a su albedrío todos los sueldos; las municipalidades, que tienen a su cargo la enseñanza pública y con la facultad de establecer impuestos y recaudar multas de policía pueden quitar el reposo a las familias;

los curas, que dominan las conciencias y que, al contrario de Cristo, con muy raras excepciones, están siempre de parte de los déspotas. El liberal, sin dinero, tenía únicamente de su lado a la juventud desinteresada, enérgica, entusiasta por la libertad, ansiosa de ejercer el derecho. Mas esa inmensa diferencia se compensaba en mucho con la eficacia de la prensa liberal que propagaba las buenas ideas, el mejor medio de conquistar las simpatías del pueblo.

La lucha se inició serena y majestuosa, pero poco a poco fueron los ánimos exaltándose. Los liberales hacían ostentación de sus conquistas, y los ministeriales despachados comenzaron a cometer vejaciones. Divulgados los ultrajes, denunciadas las faltas, los mártires ganaban fama y aumentaban los prosélitos de la causa liberal.

Debieron reflexionar sobre esto los ministeriales y buscar otro sistema; pero, habituados al de la fuerza, creían que era el mejor, insistían en los ultrajes para atemorizar y la exaltación fue creciendo. La prensa liberal se quejaba de los abusos y pedía al presidente Bográn garantías para los trabajos.

Este enmudecía: no se atrevía a castigar a los infractores ni a suspender la libertad, cosa que sus amigos reclamaban imprudentemente, temerosos de perder las elecciones. En esas circunstancias la lucha era muy dolorosa para los opositores, sin embargo, los ánimos no decaían, las energías se levantaban, la voluntad insistía con lucidez de ideas, como jamás se había visto en Honduras.

CAPÍTULO VII: ASALTO DE AMAPALA

Cuando los partidos políticos se entregaban a la lucha pacífica y la nación tenía ya esperanza de que la libertad quedara establecida, la paz afianzada, el orden asegurado, sobrevino otro hecho gravísimo que agitó profundamente al gobierno y lo empujó a la reacción, tras la cual vendría, por consecuencia inevitable, el duro azote de la guerra.

El descontento que se manifestaba en todo el país a causa de las arbitrariedades de los empleados públicos en la campaña electoral, y los despilfarros del tesoro, que denunciaba la prensa, dio margen a que los emigrados, siempre visionarios, creyeran que el odio al general Bográn era mucho y que con facilidad se le podría derrocar. Entre ellos el general Domingo Vásquez, ambicioso, esforzado y enérgico, no solo creyó sino que propuso intentarlo.

Había emigrado el general Vásquez porque el presidente Bográn arbitrariamente lo encarceló en Tegucigalpa; y le guardaba rencor. Supo que el coronel Pedro Romero también lo odiaba y le habló para que le ayudase a efectuar una insurrección, que debía empezar asaltándose en un mismo día el puerto de Amapala y las plazas de Choluteca, Nacaome y Yuscarán. Acudirían todos los emigrados, organizarían tropas, siendo probable que se les agregara gente, y después marcharían a atacar la capital.

El coronel Romero es salvadoreño, pero había vivido y ganado en Honduras sus grados militares. Ocupó el empleo de mayor de plaza de Amapala, y el general Bardales, comandante del puerto, por intrigas privadas se desagradó con él, lo obligó a renunciar, y después lo remitió preso a Tegucigalpa por suponérsele que conspiraba contra el gobierno de acuerdo con el Gral. Vásquez. Ya en libertad regresó al Salvador, y hallándolo en guerra con Guatemala por consecuencia de la traición del Gral. Carlos Ezeta, cometida el 22 de junio de 1890, ofreció sus servicios militares.

Restablecida la paz, Romero, en premio de su buen comportamiento, fue nombrado mayor de plaza de La Unión, puesto que desempeñaba cuando le habló Vásquez. Aceptó con gusto el proyecto, y, habiéndosele encargado provisionalmente la comandancia, aprovechó la oportunidad y mandó a algunos emigrados hondureños a asaltar el puerto de Amapala, suministrando armas y las embarcaciones para que se trasladasen a aquel lugar. Un jefe secundario se encargaría del asalto para que la presencia de Vásquez no causara sospechas y se frustrara el golpe: el llegaría después a tomar el mando.

En el puerto de Amapala se celebra el 3 de mayo la fiesta tradicional de la cruz, y ese año de 1891 se proponía el vecindario que estuviese muy alegre. Hubo numerosa concurrencia, y al parecer, trataban todos solo de los negocios o de divertirse. Nadie sospechaba que se pudiese conspirar y la confianza era completa; mas el día 4, el administrador de la aduana, coronel José Antonio Fiallos, recibió una carta anónima en que le informaban de una conspiración para asaltar en aquellos días los cuarteles del puerto.

El administrador comunicó el informe al comandante Bardales, manifestándole que le parecía prudente tomara precauciones. A Bardales le había llegado también otra carta anónima procedente de La Unión, donde era muy querido, y en ella le indicaban el peligro; mas sea por ostentación de confianza o para no interrumpir la alegría de la fiesta, o sea que tuviera demasiado valor, dijo que aquello no tenía fundamento, y debía suponer que se trataba de meterle miedo.

El cinco recibió el administrador de la aduana nuevo aviso del complot, volvió a comunicarlo al comandante, y este, ya obcecado le contestó que si se creía de anónimos y tenía miedo que se escondiera, que a él no le asustaban fantasmas; y en vez de estar prevenido como debe un jefe militar, aunque no espere peligros, concedió permiso a la tropa del cuartel de la comandancia para que saliera en la noche a participar de la alegría del pueblo, y dejó de guardia solo a un oficial y cinco soldados, demostrando con ese proceder que en verdad nada temía.

Después de dar a la tropa la licencia, salió él también acompañado de varias señoras y caballeros, y regresó al cuartel en donde habitaba, como a las once de la noche. Al separarse de esas personas les dijo en tono de broma: "me despido de ustedes por última vez porque ya no nos volveremos a ver, pues aseguran que esta noche se tomarán el cuartel y me matarán". Una apreciable señora le hizo muy buenas reflexiones y le aconsejó que no se descuidara; pero él, pertinaz, no quiso atender y fue a acostarse sin hacer a la pequeña guardia la menor prevención.

Mezclados los conjurados entre las personas que llegaban a la fiesta, y favorecidos por el descuido del comandante, pudieron concertar el plan de asalto, y esa noche del 5 al 6 de mayo, como a las tres de la mañana, organizados en dos pelotones, atacaron simultáneamente el cuartel, situado al extremo noreste de la ciudad, y el fuerte del vigía, edificado fuera de la población, hacia el suroeste, sobre un cerro que domina el puerto.

El cuartel fue tomado sin dificultad. Casi sorprendida la pequeña guardia, poco pudo resistir aunque se defendió heroicamente. Bardales habitaba en el piso alto del edificio, dormía tranquilo, despertó a las detonaciones de las primeras descargas, y sin creer en la gravedad del suceso, salió imprudentemente de su aposento, en ropa interior, en chinelas chinas y sin armas; bajó por la escalera del corredor del patio, pudiendo haberlo hecho por otra que está secreta, y preguntó a la guardia en alta voz por que tiraba, suponiendo que regresaban los soldados que tenían licencia y se les rechazaba por el peligro que se había trascendido.

Los asaltadores le contestaron con una descarga y una bala le acertó en el vientre. Al sentirse Bardales herido procuró regresar, y lo ayudaron a subir la escalera el capitán mayor Andrés Leiva con otros oficiales que habían ocurrido a acompañarlo. El presbítero Juan Rodríguez, cura de la parroquia de Choluteca, había sido llamado para celebrar los actos religiosos de la fiesta. Muy amigo de Bardales se había hospedado donde él habitaba y dormía en su mismo aposento. Lo vio salir precipitadamente y se levantó para ir también a acompañarlo. Se dilató algunos minutos en vestirse y encontró a los oficiales que subían a Bardales herido.

Lo acostaron en su cama, y previendo el presbítero Rodríguez que los asaltadores, ya dueños del puesto de guardia, habían de perseguir a Bardales, se fue a colocar en el peldaño superior de la escalera para procurar impedirlo. En efecto, ya subían; pero el sacerdote, en su traje talar que se distinguía a la débil luz de un quinqué, les gritó increpándolos por su atentado, y con abnegación digna de la verdadera amistad y del ministerio que ejercía, les dijo que para pasar por donde él estaba tenían que matarlo, y si no querían cometer un asesinato impío retrocediesen. Aquellos hombres se sobrecogieron por sentimiento religioso y obedecieron maquinalmente.

Varias horas estuvieron dueños del cuartel; veían de centinela en el peldaño superior de la escalera a aquel sacerdote, y ¡cosa admirable! No intentaron atropellarlo.

El ataque al fuerte del vigía no tuvo el mismo éxito. La guarnición mantenía vigilancia, no se dejó sorprender y rechazó valientemente a los que llegaban a atacarla. Desanimados estos, se retiraron al cuartel de la comandancia para unirse a sus compañeros y resolver lo que debían ejecutar. Sin jefe competente que les impusiera respeto y los dirigiera, nada resolvieron para insistir en el ataque al fuerte. Permanecieron indecisos el resto de la noche, y al rayar el alba del 6, no hallando otra cosa que hacer, se fueron por las calles vivando al general Vásquez y al coronel Romero y dando mueras a Bográn y a Bardales. Trataron de quitar el dinero al administrador de la aduana, pero no encontrándolo no lo pudieron conseguir.

Los empleados públicos, los soldados que gozaban de permiso, y los ciudadanos del puerto recogidos ya en sus casas, al oír las descargas salieron a informarse de lo que pasaba, buscaron armas para defender la legitimidad, se reunieron en la plaza del puerto y decidieron recuperar el cuartel sin pérdida de tiempo. La indignación del vecindario por los horribles sucesos era inmensa, y el deseo de pelear contra los sediciosos llegaba al entusiasmo. Hubo rasgos de heroísmo y hasta de locura, dignos de mencionarse.

Muchos que no tenían armas tomaban piedras o garrotes, se empeñaban en ponerse a vanguardia, y un individuo llamado por apodo "Chenchunte" iba el primero en el asalto llevando por arma una sandía. Empezó el ataque como a las ocho de la mañana. El cuartel está edificado en una especie de punta que forman una curva del frente de la bahía y la ensenada de La Máquina. Solo tiene acceso por la parte sur por donde se comunica con las casas de la población, y sin embargo, los defensores de la legitimidad lo tomaron en una hora, avanzando por entre esas casas y los patios.

Los sediciosos, en la desesperación de la derrota, se arrojaron al mar, creyendo que lograrían salvarse a nado, y muchos se ahogaron. Daba horror ver los cadáveres flotando en el agua, de donde se sacaban para reunirlos a los que habían muerto por el plomo. Cayeron prisioneros uno de los jefes y un soldado. El que comandaba la expedición, coronel José Antonio Molina, se salvó con unos pocos soldados en las lanchas que habían traído y conservaban escondidas.

Cuando terminó el combate subieron al segundo piso del cuartel los vencedores y encontraron a Bardales vivo aún y sin haber pedido la razón. Se alegraron muchísimo creyendo que podría salvarse; pero él les dijo que estaba en sus últimos momentos, y que por su confianza lo merecía. Preguntó si estaba recuperada la plaza por completo, y al contestársele afirmativamente exclamó: "Gracias a Dios, ahora moriré tranquilo".

La ciencia disputó aquella alma noble a la muerte; pero todo esfuerzo fue ineficaz: murió una hora después entre todo el pueblo amapalino, que lo lloró de verdad, como lo lloraron también sus amigos ausentes, por sus grandes cualidades.

El general Bardales era natural de Comayagua, la vieja capital de la república. Nació el año de 1848. Sus padres legítimos, don Francisco Bardales y doña Magdalena Maradiaga, lo dedicaron a la carrera del foro. Alcanzó el título de bachiller pasante en derecho; pero suspendió los estudios por causa de la guerra civil de 1876. Ingresó al ejército del gobierno de don Ponciano Leiva, peleó en varios combates, ganó el grado de capitán y, al terminar la campaña con la capitulación de Leiva en Cedros, se retiró a trabajar en una hacienda de su padre a orillas del poético Selguapa. De allí lo sacó el presidente Soto, que conocía sus méritos, para encargarle las subsecretarías de guerra y justicia, y lo ascendió a coronel.

El presidente Bográn le confirió el grado de brigadier y lo nombró comandante de Amapala en sustitución del general Manuel Bonilla. Sirvió varios años este último destino, y se había hecho popular por sus ideas liberales, su cultura, sus complacencias, su actividad progresista y su buen carácter.

De ingenio fácil, conversación franca, de gracejo continuo que comunicaba buen humor, de ironía finísima que no podía contener ni en los actos oficiales solemnes, sincero, afectuoso, servicial, muy adicto a sus amigos, fácil para olvidar las ofensas de sus enemigos que siempre tienen los empleados, aun los virtuosos, no había quien lo tratara en la intimidada que no lo amara.

Jamás abusó de la fuerza militar, y como administrador de la aduana, que desempeñó algún tiempo, anexa a la comandancia, fue íntegro, honrado, al extremo de arrojar con exaltación ese empleo de hacienda, porque se le contrariaba en su propósito de pagar a los empleados sus sueldos con puntualidad, y se le daban órdenes indebidas de admitir francas de derechos fiscales mercaderías extranjeras que llegaban a favoritos del presidente. Si quiere usted, dijo al ministro de hacienda, dar órdenes que perjudican las rentas de la nación, que todos debemos cuidar, mande otro que se las cumpla.

Censura tan amarga no se podía sufrir, y se le separó del empleo de hacienda. También renunció algunas veces el empleo militar; pero no admitió Bográn esa renuncia, porque conocía y apreciaba su competencia, su lealtad y su valor. El valor lo mató. No tomó precauciones en el servicio militar y ocurrió sin cautela a donde lo llamaba el deber. Grande pérdida fue para la patria.

CAPÍTULO VIII: EL ESTADO DE SITIO

En el mismo día en que ocurrían estos lamentables sucesos llegó el general Domingo Vásquez al puerto de Amapala en un vapor procedente del sur. La plaza estaba ya recuperada; no pudo desembarcar, y siguió para La Unión. Recibió informes de que no se había llevado a efecto ningún otro asalto en las plazas del interior de Honduras; nada tenía que hacer pues, y profundamente contrariado, regresó a Nicaragua, llevando herida el alma por amargos desengaños.

Si esa criminal intentona no hubiese causado otro perjuicio que la muerte de personas útiles a la sociedad bastaría eso solo para que se le reprobara seriamente; pero produjo otras horribles consecuencias y merece el más grande vituperio. Efectuada en momentos en que el pueblo ejercía libremente sus derechos, levantó la reacción y cayeron sobre el país los males del odioso despotismo.

A Vásquez no le quedaba siquiera ni la íntima disculpa de que podría haber alcanzado su objeto de llegar al poder si se hubiese apoderado de Amapala. Aunque hubiese tomado el puerto no hubiera podido derrocar a Bográn.

Muchos creen que cuando un gobernante está desprestigiado, porque administra mal, se le puede derribar con facilidad. Error. Si el gobernante es legítimo y concede libertades, aunque no sepa administrar se mantiene inconmovible hasta que termina su periodo. Habrá descontento contra él, muchos lo censurarán, pero con el desahogo la cólera se aplaca, y muy pocos serán los que quieran ayudar al que se levante con el solo propósito de suplantar la autoridad.

La inmensa mayoría apoya a la legitimidad inconscientemente, por el instinto sublime de la justicia. Por lo mismo es imposible que triunfen las insurrecciones en épocas de libertad. Solo se ensanchan y triunfan al calor de la insensata tiranía.

Bográn recibió casi al mismo tiempo la noticia del asalto del cuartel y la de su recuperación. Los que en el interior estaban comprometidos con Vásquez no pudieron efectuar ningún movimiento, y desistiendo del proyecto, huyeron algunos al exterior. El gobierno mandó juzgar a los que cometieron el atentado, y el país quedó tranquilo. No obstante, el general Bográn decretó el estado de sitio instigado por los que deseaban el triunfo del general Leiva en la lucha electoral. Dominaba en la mayoría de los ministeriales la desconfianza en sus propios méritos y el miedo a las ideas que predicaban los contrarios. Veían las ventajas que alcanzaba la candidatura del Dr. Bonilla, se les presentaba una oportunidad para servirse en favor de Leiva de medios que se imaginaban les serían provechosos, y se apresuraban a no perderla.

Con el estado de sitio tendrían los opositores que callar su prensa, no podrían reunirse, no podrían transitar, no se comunicarían porque se les violaría la correspondencia mientras, ellos, los ministeriales, podrían continuar sus trabajos sin ninguna oposición. ¡Oh! La facultad que se da al ejecutivo de decretar el estado de sitio es una de las mayores faltas que pueden cometerse. Tal como se establecía en Honduras y tal como se ejerce todavía, el estado de sitio no es la suspensión de algunas garantías, sino la suspensión absoluta de la ley constitutiva, es decir, la dictadura completa, la usurpación de la soberanía nacional.

Por lo mismo esa facultad no debe concederse jamás al ejecutivo. Por tenerla, decretó Bográn sin necesidad el estado de sitio, y lo mantuvo por más de tres meses para reprimir los trabajos electorales de la oposición. Confinamientos, altas militares, prisiones, tormentos monstruosos hasta el grado de matar a palos a los que proferían imprudentemente amenazas por los atropellos o a los que conducían correspondencia política, declarada subversiva, todo esto se ejecutaba con la mayor crueldad.

Semejantes medidas, lejos de favorecer a Leiva, eran contraproducentes. Los que al principio eran simplemente sus opositores, por las persecuciones lo odiaban, y el odio se extendía y se arraigaba en las conciencias.

¿Qué necesidad tenía Leiva de que se ejecutaran violencias para triunfar en la lucha electoral? En los países regidos por el despotismo todo lo que el estado posee está a la disposición de los que gobiernan, y por lo mismo tienen inmensas ventajas sobre sus opositores en las luchas electorales. Con empleados amovibles a voluntad del gobernante, que los convierte en agentes del candidato; con el dinero del erario para todos los gastos; con las operaciones todas de la elección confiadas a servidores fieles, basta halagar, seducir, para alcanzar el triunfo; y es incomprensible que no se conformen con esos medios, seguros para ellos, y pasen a usar los de las violencias que les traen grandes peligros.

Después de las ideas manifestadas por el general Bográn, después de permitir que se organizara la oposición y de dejar en libertad a la prensa era inconcebible el estado de sitio con el solo objeto de restringir su acción a los electores. La dictadura contenida desde que él llegó al poder renacía con todos sus horrores: delaciones, sobornos, persecuciones, prisiones, tormentos, todo, todo lo que descompone, rebaja, corrompe, aniquila y destruye a las sociedades.

Se concibe la dictadura cuando la política del gobierno es la tiranía; se concibe cuando tiene por fin salvar a la sociedad de la anarquía, se concibe cuando un gran hombre quiere engrandecer a un pueblo y en su errada precipitación lo procura a toda costa; pero empuñar la dictadura cuando se ha soltado la libertad, para preparar por el peor medio el triunfo de una candidatura ministerial es la mayor de las insensateces.

Con el pretexto del asalto de Amapala, al que en nada había contribuido el partido liberal, se hollaban descaradamente sus derechos. Cambiaba Bográn su política de libertad en política de opresión, como nunca la había ejercido. Esto, más que a iniciativas propias, obedecía a influencias reaccionarias pero, accediendo a ellas, se precipitaba a la terrible execración de la conciencia pública.

El general Bográn había manifestado que deseaba la libertad para mandar con la opinión, y desde que ofreció a la faz del mundo respetarla y comenzó a cumplir su ofrecimiento, no podía abandonar esa política sin suicidarse moralmente porque su palabra empeñada había sido recogida por el pueblo y no en vano habría este de palpar la abominable inconsecuencia.

Además, pasar bruscamente de esa política de tolerancia a la de represión era un tránsito muy peligroso, porque necesariamente engendraba conmociones. El gobernante que ha adoptado una política cualquiera no puede separarse de ella súbitamente: porque con ese proceder delata inconsecuencia, y lo que es peor, incompetencia.

Así es que esta política de libertad de asociación y de imprenta, y después de persecución electoral, creaba una situación anómala donde aparecía con el engaño, la maldad y el error.

¡Oh! En esa situación lo que más entristecía era ver rebajarse a Bográn. Él, que aparecía tan grande con su desprendimiento y respeto a las leyes, se convertía en enano, en polichinela o en histrión. Los tiranos perpetuos son temidos y odiados; pero los que engañan con promesas de libertad y la persiguen, se vuelven, además de aborrecidos, despreciables.

CAPÍTULO IX: LA ALTERNABILIDAD

Cuando estaba ya preparado el triunfo de la candidatura ministerial y faltaban solo veinte días para que se practicase la elección, levantó Bográn el estado de sitio. En el corto tiempo que quedaba los liberales poco podrían alcanzar en favor de su candidato; pero sin desanimarse por los obstáculos reanudaron los trabajos con más ardor. La lucha fue entonces tempestuosa. En los mítines y en los clubs los oradores lanzaban cargos terribles contra el gobierno, y la prensa liberal apareció rebosante de indignación.

Siempre que ha estado amordazada la prensa, sucede que, al dejársele libre, los escritores se exceden irreflexivamente; pero se ve el fenómeno de que las más grandes injurias, que deshonran esa preciosa libertad, no salen de los periódicos de oposición sino de los semioficiales. No comprenden los que gobiernan que deben ser sus escritos más serios, más reflexivos, más sensatos, para que la defensa les sea provechosa. Encolerizados porque se les censura contesta con insultos soeces, y con esto lo que consiguen es herirse a sí mismos, porque se desacreditan y desvirtúan al principio de autoridad. Las invectivas de las hojas periódicas subvencionadas, en vez de perjudicar a los liberales, los levantaban más en la opinión.

El general Bográn rabiaba de cólera por la intemperancia de sus opositores. Se quejaba de que se aprovechasen de la libertad que concedía para atacarlo con rudeza; quería que aceptasen dócilmente su voluntad de dejar a Leiva, y como no la aceptaban, perseguía a los más exaltados, aun en el goce pleno de garantías. No, no era posible que complaciesen a Bográn aunque se le agradeciese interiormente que respetase la libertad.

Eso habría sido envilecernos al grado de confesar que merecíamos vivir bajo la más triste y vergonzosa tutela. Los partidos opositores no se prestan a las farsas electorales sino cuando han caído en la corrupción, en la más grande de las impotencias morales, en la más infame de las degradaciones. Por fin llegó el día de la elección, calmó la efervescencia y en el mejor orden se practicó la votación en los días 6, 7, y 8 de septiembre.

El resultado fue como era de suponerse, favorable a Leiva. En las cabeceras departamentales, donde los ciudadanos son ya conscientes, 15,000 votaron contra el candidato ministerial, condenando la política de opresión; pero en las poblaciones pequeñas, donde los electores son analfabetos y tímidos, 33,000 complacieron al que tenía la fuerza.

El general Bográn había triunfado en el hecho, había conseguido falsear la verdadera expresión de la voluntad nacional, Leiva sería su sucesor, pero moralmente su derrota era completa: jamás se había visto con el voto público a tantos electores desafiando las iras del despotismo. Esto se debía a las ideas predicadas por la prensa liberal.

El partido de oposición debió quedar satisfecho con ese resultado, y debió conformarse con las ventajas alcanzadas. Había podido organizarse, tenía ya derecho reconocido, respetado, de entrar en toda lucha electoral, tenía prensa libre, que podía continuar predicando las ideas: por el momento era mucho, aunque padeciese algunas arbitrariedades. Demostrando que sus deseos no habían sido llegar al poder a todo trance sino practicar la libertad, habría podido continuar en calma en el ejercicio de sus derechos y abogando por la libertad del voto.

Con esa conducta juiciosa se habría disciplinado y estaría en mejores condiciones para buscar el poder en la próxima campaña presidencial. Más despechados los jefes del partido liberal porque de momento no habían vencido, con el pretexto de los abusos cometidos por las autoridades, atacaban al gobierno con exaltación y proferían amenazas. Los escritores oficiales las devolvían, y cada vez se exacerbaban más los ánimos, que debieran haberse aplacado una vez concluido el motivo de la exaltación. Ese camino era muy malo para la causa de la libertad. En los países oprimidos por el despotismo no se piensa, no se razona, y donde no se razona no puede existir la opinión pública. Empieza a formarse cuando la prensa goza de alguna libertad. Así, de la prensa depende que la opinión se dirija por el buen o mal camino. Por lo mismo debe ser muy sensata para que sea útil a la sociedad. Una prensa apasionada, exaltada, juzga las cosas de modo superficial, deduce por las apariencias, y los lectores poco acostumbrados a reflexionar, por las apariencias extravían su juicio. La pasión ardiente de la prensa, en vez de encaminar al pueblo a afianzar sus derechos, lo conducía a la guerra civil, y estallaría si los que gobernaban no tenían paciencia ni ciencia para evitarla.

La agitación que producía la intemperancia de los liberales en la prensa y en los clubs llegó a tal grado que el gobierno comprendió el peligro que amenazaba. Los ministros de Bográn, inexpertos en la ciencia de gobernar, por más que muchos de ellos habían estado largo tiempo en el gobierno, le aconsejaron que callara la prensa para que se restableciese la calma. Bográn no accedió a esa medida manifiestamente ilegal, tanto porque la creía contraria al objeto que se deseaba como porque, conseguido su propósito de elegir a Leiva, quería cumplir su palabra empeñada de respetar la libertad, y procuró llegar al mismo fin de restablecer la calma por una conciliación amistosa de los dos partidos. Indicó a sus amigos que se moderasen en la contestación de los cargos de la prensa opositora y tratasen de entrar en inteligencias con el doctor Bonilla, jefe de la oposición, para llegar a la concordia.

Una persona imparcial fue recomendada para hablarle en ese sentido, pero en nada convinieron, exponiendo el doctor Bonilla que solo podría entenderse directamente con el general Bográn. Accedió este a sus deseos y lo llamó a una conferencia que duró más de tres horas. Manifestó Bográn al doctor Bonilla su pesar de que no se aprovechase la libertad para establecer la paz sino para perturbarla, pues insistir en la relación apasionada de los sucesos de la lucha electoral y acusar con acritud al gobierno era mantener la agitación en los pueblos, con lo que en vez de traerles beneficios, se les perjudicaba, porque desaparecía la confianza pública y se interrumpía el progreso: que deseaba no continuase la oposición en ese sistema, no porque temiese la guerra, que podría sobrevenir, sino porque el gobierno, que tenía el deber de conservar la paz, se vería en la necesidad de suprimir la prensa para que no indispusiese más los ánimos: que él no lo haría; pero que podría hacerlo el general Leiva si no tenía su paciencia; y para que esto no sucediese, le rogaba que esperaran los liberales a que se organizase el nuevo gobierno y que continuaran en sus ataques si no se hacían, para satisfacer a la opinión, las reformas convenientes y los cambios de empleados que procedían mal.

El doctor Bonilla se quejó de los ultrajes que cometían las autoridades, pidió que se cambiara inmediatamente la mayor parte de los principales empleados, y se empeñó en demostrar que no quería recurrir a las armas para hacer cesar los padecimientos de sus partidarios, sino que pedía se hiciesen los cambios para que los nuevos empleados les diesen garantías; pero que si se pensaba en quitarles las libertades que disfrutaban, colmada la paciencia estallaría la revolución, y estaba seguro del triunfo si el gobierno no recibía auxilio de los estados vecinos.

El general Bográn no hizo caso de la baladronada impolítica del doctor Bonilla y le repitió que él no mataría la prensa, no por miedo, que no cabía en él que tenía las armas, sino por amor a la libertad y por su convicción de que la prensa libre era provechosa aun con las exageraciones: que si tuviera el propósito de suprimirla no lo llamara a conciliación sino que procedería con energía; pero que le indicaba el peligro de que su sucesor no pensara como él y adoptase esa medida: que si tal cosa llegaba a ocurrir no se quejaran los liberales porque ellos tendrían la culpa, ya que con sus exageraciones lejos de favorecer las ideas que defendían las perjudicaban, impidiendo que se afianzaran en la paz y continuase el progreso de la nación.

Al fin, pareció que el doctor Bonilla aceptaba las sensatas advertencias. Ofreció que callaría los hechos pasados y que solo denunciaría los abusos que en lo sucesivo cometiesen los empleados, no publicándose nada que no pudiese comprobarse; y Bográn, complacido, le prometió que si se cumplía ese ofrecimiento, tendrían los liberales completas garantías, pues reprimiría y castigaría con severidad todo abuso que los empleados cometiesen.

Grandes males produce el absolutismo; pero mayores produce la personificación de un partido por un solo hombre, porque ese hombre no mira por los intereses de la sociedad, ni siquiera por los intereses de su partido, sino por sus personales intereses. La oposición estaba representada por el doctor Bonilla, y el general Bográn cometió el error de admitir esa individual representación.

El resultado fue que su intento conciliador para que se restableciese la tranquilidad no le dio el fruto que buscaba. El Dr. Bonilla, que ambicionaba el poder, quería la guerra; comprendió que si accedía a los deseos de Bográn perdería prestigios porque los exaltados atribuirían a miedo su deferencia, no a sensatez, y no calmó del todo sus ataques; muchos de los liberales supusieron que el gobierno los respetaba porque los creía fuertes, aumentaron su exaltación y el pueblo se mostró amenazador. Esto causaba inquietud en la capital, y temiendo el gobierno que ocurriesen allí tumultos, al hacerse la transmisión del poder, convocó al congreso a la unidad de Comayagua para que en ella recibiese el general Leiva la presidencia.

El día que terminaba el período, el 30 de noviembre, entregó el general Bográn el poder a su sucesor, ante la representación nacional. El acto era nuevo; por primera vez se veía que un gobernante dejase el puesto por el mandato de la constitución y sin influencia extraña. Esto era alternabilidad y la nación ganaba mucho porque se daba un paso adelante en el camino del derecho. Motivo era de regocijo público. Sin embargo, la ceremonia estuvo muy triste y pasó en todo el país en completo silencio. El pueblo no comprendía lo que ganaba, y como no lo comprendía no podía agradecerlo. Juzgando como se lo decía la prensa opositora, que aquello era solo un mal, porque se había hecho una burla a la voluntad de la soberanía de la nación, recibió con desdén las declaraciones de Bográn y con indiferencia la promesa que hizo Leiva de continuar respetando, como su antecesor, las libertades públicas.

En consecuencia, en lugar de restablecerse la confianza y asegurarse la paz con la alternabilidad, el horizonte político se cubría de espesos y más negros nubarrones.

CAPÍTULO X: EL PRESIDENTE BOGRÁN

Los ataques apasionados de la prensa habían conducido al país a la peligrosa situación de que estallara la guerra civil; pero debe reconocerse que no solo eran resultado de la inexperiencia política de los liberales sino también del carácter de Bográn.

El general Luis Bográn, alto de talla, de complexión robusta, de apostura elegante, de inteligencia clara, de conversación amena, se hacía agradable en la buena sociedad y se conquistaba simpatías en el pueblo; pero tenía el grave defecto de ofrecer y no cumplir, que si perjudica a un particular mucho más a un presidente, porque no se gobierna con engaños; y por su ligereza en ofrecer y su facilidad en no cumplir, se atraía enemistades.

Además, de natural dócil, voluble y sin solidez de conocimientos de la ciencia política, indispensable para gobernar, no tenían sus disposiciones la unidad y firmeza que requieren los actos de gobierno. En consecuencia, no lograba inspirar temor aunque cometiera atropellos, ni se le agradecía que respetara la libertad.

Sus opositores aprovechaban esa libertad para combatirlo, como jamás se ha combatido a ningún otro gobernante; y él, que sin duda no tenía conciencia de proceder con dañada intención, cuando rebosaba la cólera en los ataques de sus opositores, se satisfacía solamente con decir a alguno de sus allegados: "Mire usted que saña la del señor Policarpo".

Aprovechaba cualquier pretexto para decretar el estado de sitio y entonces daba suela a las arbitrariedades, creyendo tener para ello derecho. Cuando suponía haberse hecho respetar, otorgaba de nuevo la libertad, a a pesar de sus cortesanos, empeñados en que siempre la tuviese esclavizada.

Entre los males que produce la práctica del despotismo, uno de los mayores es hacer déspotas a todos los ciudadanos. Quien ve cometer arbitrariedades con frecuencia, en vez de vituperarlas con energía para que desaparezcan, las admira; y cuando tiene algún poder imita al que le ha precedido. No piensa en lo futuro, no se imagina hallarse sin el puesto que ocupa, no reflexiona que al dejarlo podrá él también ser víctima de la arbitrariedad; y que por lo mismo, en vez de ejercerla, debe procurar que sea imposible a todos. Se engríe porque tiene la fuerza y trata de demostrar que es poderoso.

Cuando baja del puesto, por cualquier motivo, y va a padecer lo que a otros ha hecho padecer, entonces se queja, se indigna, se enfurece, sin recordar que él tiene la culpa de lo que le sucede porque ha contribuido al despotismo. A menudo se ven esos ejemplos y no se aprovecha la enseñanza. Lo contrario ocurre cuando, por casualidad, hay algún gobernante que no es del todo déspota, sus consejos lo empujan a que lo sea; y si por su natural bondadoso no maltrata a quien lo ofende, lo censuran, dicen que es débil o cobarde. ¡Débil y cobarde porque no se venga! Oh, extravío de criterio.

Débil es quien se deja llevar de malos impulsos, quien no refrena su enojo o es implacable en la venganza; y cobarde el que resguardado con la fuerza ultraja al que lo ha ofendido. Sufrir las injurias pudiendo vengarlas, despreciar la oportunidad de ofender a un enemigo, huir de las arbitrariedades, en lugar de debilidad o cobardía es entereza, gran valor.

¡Ah! Era de admirar al general Bográn cuando leía las ofensas de sus opositores; pasaban por su rostro oleadas de sangre; pero al concluir la lectura volvía a su estado normal y dejaba el periódico sin proferir una amenaza. Y era de admirarlo más en días de manifestación popular. La multitud agitada por oradores imprudentes que perjudican la libertad, más que sus verdugos, porque la desacreditan, profería a grandes voces burlas, denuestos, amenazas, que él soportaba con verdadera calma.

—Señor —le decían sus allegados—, eso no debe tolerarse; sufrirlo es humillante, permitirlo es rebajar la autoridad; ordene la dispersión de esa canalla.

—¿No oyen ustedes que me llaman tirano?

—Si, señor, es la menor de las injurias.

—¿Y quieren que lo compruebe?

Muchos murmuraban: "¡Qué flojedad!". Si, la flojedad que en esos casos es virtud. Da tristeza que no se comprenda y no se aprecie. La multitud se disolvía sin que nadie fuese molestado ni se le persiguiese después por sus exageraciones.

Algunos aconsejaban la dispersión de los mítines porque, con la exaltación de los oradores y las amenazas del populacho, se desconsolaban creyendo que siempre son esos los resultados de la libertad. Hombres inexpertos, confundiendo la libertad con las exageraciones la temían. Pensaban que de las vociferaciones podía pasarse a las violencias demagógicas, y para evitarlas no se imaginaban otro medio que destruir el derecho.

Querían que el pueblo ejerciera de pronto la libertad metódica, sin comprender que esta no la tienen los pueblos sino después de practicarla mucho, pasando por grandes convulsiones y extravíos. Por lo mismo, hay que tener paciencia y esperar que el respeto a la autoridad, dentro de la libertad, llegue poco a poco; y llegará, tanto más luego cuanto más observe y haga observar la ley el gobernante.

Así, esta tolerancia de Bográn, en ocasiones y esos estados de sitio con el cúmulo de arbitrariedades, hacen aparecer su administración como una mezcla de impulsos hacia la libertad y de retrocesos al despotismo; mezcla indecisa que poco podía dejar en favor del derecho. Más, donde cometía Bográn los mayores desaciertos era en el manejo de la hacienda pública. Manirroto, derrochaba como si fueran suyos los intereses de la nación; inepto, no buscaba como aumentar la renta; indolente, no se cuidaba de contener las defraudaciones que cometían sus favoritos, y la caja estaba siempre exhausta, al grado de no haber jamás dinero para cubrir los sueldos del presupuesto. Sus enemigos le achacaban que él también robaba, considerándolo inmensamente rico, millonario.

Todo se depura en el crisol de los tiempos. Se le vio bajar de la presidencia sin ostentación de capital; y, después de su muerte, sus haberes no aparecen grandes, no exceden a los que poseía al subir al poder. Sin embargo, lo que se decía entonces era creído por todos, y juzgándosele solo por sus errores, su impopularidad fue completa y bajó odiado y maldecido hasta de sus amigos.

Muchos fueron, ciertamente, los errores del general Bográn, graves daños causó a la patria; mas el haber dejado en ocasiones que se practicase la libertad de la prensa, haber estimulado la organización de los partidos políticos y haber obedecido el precepto de alternabilidad, lo hace aparecer ante la historia, si no como gobernante bueno, si como bien intencionado, aunque inepto, negligente y voluble. Y no obstante todo lo malo, su administración fue progresiva. No se ha apreciado así porque se suele ver más a lo material que a lo moral, y Bográn no dejó ningún progreso material.

Por esto es calificado hasta de retrógrado. Sensible es que se juzgue de ese modo. Calificar de retrógrado al que no fomenta el progreso material aunque fomente el progreso moral, y de buen gobernante al déspota que solo atiene a aquel, es confesar el hábito del servilismo, confesar que en nada se estima la majestad excelsa de la propia independencia.

No, bueno gobernante solo es el que procura la felicidad de los gobernados; y un pueblo no es feliz únicamente porque su territorio esté cruzado de líneas férreas, porque sus ciudades estén adornadas con soberbios palacios, hermosas calles y suntuosos parques; porque las fiestas públicas se sucedan a menudo, costeadas con dinero del tesoro; porque se vea el lujo en las clases sociales. Si en medio de todo eso ninguna persona puede manifestar sus deseos y penas; si un ejército formidable sirve solo para guardar al gobernante y pisotear la soberanía nacional; si un grupo de sicarios y esbirros mantiene a los hombres honrados en constante zozobra; si nadie puede tener a salvo ni su hogar, ¡Ah! Ese pueblo no es feliz, es completamente desgraciado. Toda cadena molesta, causa dolor, aunque sea de oro. La comodidad material en nada compensa la horrible angustia de sufrir o de esperar persecuciones. Por lo mismo, preferibles son los goces tranquilos de los derechos, la seguridad individual en la pobreza, a la opresión en medio de la opulencia.

Sucede que es muy difícil poseer la libertad perfecta. Al principio, como es muy compleja, no sabemos hacer buen uso de ella, como no sabemos aprovecharnos de una máquina complicada que no conocemos. Mas con la práctica llegamos a ejercitarla bien y entonces da sus grandes frutos. Por esto lo que más necesitamos de nuestros gobernantes es que nos dejen libres. Libertad de locomoción, de reunión, de asociación, libertad de la tribuna y de la prensa; libertad del voto; seguridad individual. ¿Qué puede sernos más benéfico?

Y debemos calificar como bueno al gobernante que no nos oprima; y como malo al que la libertad nos quite, por más que se empeñe en el material progreso. Pensar de manera distinta es abyección, es degeneración. Los hombres de alma noble, que estiman la dignidad y el honor, dicen como el gran poeta francés: "Aunque la tiranía nos proporcionara todos los bienes materiales, aunque diera suculentos manjares a nuestro paladar, música a nuestro oído, aromas a nuestro olfato, todos los placeres juntos; prefiero tu pan negro, ¡Libertad!".

CAPÍTULO XI: PROPÓSITOS DE CONCILIACIÓN

Uno de los errores políticos del general Bográn fue haber escogido a Leiva para que le sucediera en el poder.

El general Leiva era un hombre apreciable, se le tenía por honrado y patriota; pero no era instruido y nada conocía de la ciencia política. Esta ciencia es de las más difíciles: son necesarios mucha dedicación y talento para llegar a poseerla y poder gobernar bien. Por lo mismo muy pocos merecen llegar a la presidencia de la república, si se trata de felicidad y progreso del pueblo. Sin embargo, comúnmente se cree que basta que un hombre tenga honradez en su vida social y lo que se califica de buen sentido para que sea digno del gobierno.

A un hombre que no sabe de agricultura no se le encarga una hacienda para que la administre y la aumente; al que no ha estudiado y practicado la náutica no se le hace capitán de buque; al que no es licenciado en derecho no se le nombra magistrado de corte de justicia, y: ¡Oh aberración! Un país que es lo más complicado y valioso, no se entrega a cualquier ignorante, que no sabiendo cómo se gobierna procede a su antojo o capricho y el resultado es que solo comete desaciertos: atropella, explota y anonada a la sociedad.

Leiva era de esos hombres; y en él no era todavía lo peor su completa ignorancia sino que ya había gobernado y herido muchos intereses. En consecuencia, los ciudadanos, obedeciendo por instinto a las leyes sociales, lo habían de rechazar; y para que resultara electo presidente, era menester que Bográn ejerciera mucha presión y atropellara la libertad bárbaramente.

Pudo alegar Bográn, en defensa de tan grave error, que Leiva era el más aceptable, porque el Dr. Bonilla lo propuso como candidato del partido liberal. Eso solo demostraría menos mala intención; pero no disculpa su yerro la equivocación del Dr. Bonilla. Si un jefe de partido no debe equivocarse jamás, menos un gobernante, porque un desacierto es una falta y una falta en política es verdadero crimen: ocasiona inmensos e irremediables males.

Si en lugar de escoger a Leiva hubiera dejado Bográn que se presentara la candidatura del Dr. Manuel Gamero, amigo suyo, Leiva, por resentimiento, habría aceptado la del partido liberal. Entonces, Bográn habría podido conceder la más amplia libertad, y hubiera triunfado su candidato sin necesidad de ejercer presión, pues por más que Leiva hubiese sido candidato liberal, el pueblo habría electo voluntariamente, por las leyes sociales, al Dr. Gamero. De ese modo no hubieran quedado enconos, la oposición habría sido moderada, la libertad existido y la alternabilidad legal podido llegar a afianzarse. Pero quiso Bográn que Leiva fuera su sucesor, y se puso en una situación embarazosa.

El gobernante que usurpa los derechos de los demás está en la condición difícil de no poder ceder, cuando se equivoca, sin considerarse humillado. Esa susceptibilidad del orgullo es su castigo, porque ella lo pierde. No cede, aunque considere injusto y peligroso lo que ha resuelto, y se obstina en ir adelante por más que esto sea su ruina. Cuando vio Bográn que la opinión rechazaba a Leiva, ya no pudo retroceder, y se empeñó en hacerlo subir sobre el odio y el despecho, para quedar maldito del pueblo y despreciado de los mismos a quienes creía favorecer. Merecido castigo que obtienen los que, por satisfacer solo sus pasiones, abandonan la razón y atropellan la libertad y la justicia.

El general Leiva organizó así su gabinete: ministro de gobernación, doctor Jesús Bendaña; de relaciones exteriores, doctor Jerónimo Zelaya; de la guerra, general Carlos F. Alvarado; de instrucción pública y justicia, doctor Adolfo Zúñiga; de fomento, doctor Ponciano Planas y de hacienda, don Próspero Vidaurreta.

La opinión pública, formada por la prensa de oposición, recibió mal estos nombramientos por las afinidades de los nuevos ministros con la administración de Bográn, desprestigiada en extremo. Murmurábase que dos de ellos habían sido ministros y uno empleado inferior en la administración pasada. Otro era cuñado de Bográn y los dos restantes se habían aprovechado de las defraudaciones fiscales.

Todos pertenecían a la alta sociedad, los más de entre ellos eran instruidos, y los que no lo eran tenían alguna experiencia en los negocios públicos; pero los antecedentes los desconceptuaba por completo ante la consideración del pueblo, y con su participación en el gobierno se acentuaba el descontento y se robustecía la oposición.

No se explicaba el general Leiva, él, que no tenía las intenciones; él, que había sido rogado por el doctor Bonilla para que aceptara la candidatura liberal; no se explicaba por qué era objeto de tanta oposición. Veía venir centellante la guerra civil, se horrorizaba, no sabía la manera de impedirla, y solo se le ocurrió lo que se le había ocurrido a Bográn: buscar la conciliación con los liberales.

Para conseguirla, encomendó a varias personas de importancia, entre ellas el general Pablo Nuila y don Mónico Córdova, que hablasen al doctor Bonilla y le rogaran que calmase la acritud de la prensa y la exaltación de los clubs, porque ellos mantenían los ánimos agitados e impelían a los pueblos a la guerra. Si moderaba el doctor Bonilla la prensa y los clubs, no molestaría el gobierno a los liberales en sus trabajos de organización; respetaría la libertad en las elecciones de autoridades locales y de diputados al congreso; ocuparía en empleos públicos a algunos de los liberales que fueran competentes; y se apartaría de la influencia directa de Bográn, a quien solo en lo bueno procuraría imitar. Pero si el doctor Bonilla no variaba de sistema, reprimiría la libertad de la prensa y la de reunión, aunque esto le fuera muy sensible.

El doctor Bonilla calificó entonces de déspota al gobernante que así procedía, dijo que esas proposiciones eran absurdas y contestó que solo cambiaría de conducta si Leiva aceptaba las condiciones que siguen: destitución y castigo por los tribunales de justicia de todos los empleados de hacienda defraudadores del tesoro público, y de los empleados de otros ramos que hubiesen delinquido; remoción de los empleados que hubiesen cometido abusos en la campaña electoral (que eran casi todos) reemplazándolos con hombres honrados (que lo eran solo los liberales; y liberales solo los partidarios del doctor Bonilla); formación de nuevo gabinete, escogiendo a los hombres de plena confianza del partido liberal (esto es, los que indicara el doctor Bonilla); derogación inmediata de las leyes malas; reforma en todo sentido, desligándose de los hombres que habían tenido influencia en el gobierno de Bográn.

Si estas condiciones no eran aceptadas, continuaría denunciando los abusos y exigiendo el castigo de los criminales, porque tenía para ello perfecto derecho. Ahora, que si se violaba la libertad, ocurriría a la insurrección para hacer que se le respetase, y que estaba seguro del triunfo.

Grande fue el pesar que tuvo Leiva al conocer las condiciones del Dr. Bonilla. "¿Sólo eso pide ese gran patriota?", exclamó. "Puede poner todavía otra condición: que le entregue la presidencia". Pero Leiva era modesto, no perdió la esperanza de que el jefe del partido liberal reflexionara y después de algunos días hizo que el general Carlos F. Alvarado, ministro de la guerra, tuviese con él nueva conferencia.

El doctor Bonilla repitió con más énfasis lo que exigía; y Alvarado, viendo tanta pretensión, le dijo con sorna que sus condiciones no podían ser mejores; y aconsejó a Leiva que desistiera de sus buenos propósitos, porque don Policarpo cada vez se envanecía y extraviaba más. *

El pueblo supo los trabajos en favor de la conciliación; y ansioso de libertad, pero inexperto, calificaba lo propuesto por Leiva de exigencia despótica, y la resistencia del doctor Bonilla, de valor, de gran carácter, dándole a este toda la justicia. Creía el pueblo que el doctor Bonilla, con su conducta, servía la causa de la libertad; y lo seguía con entusiasmo, sin comprender que el que procede como el doctor Bonilla, o no conoce la política o lo ciega la ambición personal. El deseo del doctor Bonilla, evidentemente era que su partido adquiriese el poder. ¡Error lamentable!

Los partidos, si han de servir al público, no deben tener por mira principal el poder, sino la libertad. El poder debe ser para ellos secundario, porque si es su objetivo principal, se vuelven peligrosos y perjudiciales a la nación. Con la libertad de que disponen atacan desenfrenadamente al gobierno y este los persigue: mata la libertad. Si estalla la guerra civil, quien quiera que sea el que triunfe, la libertad no reaparece, y quedan la desolación y la ruina.

Contrariado Leiva porque no podía lograr conciliarse con los liberales, y por temor al pueblo de la capital, resolvió permanecer en Comayagua hasta que se calmase la agitación de los ánimos, sin desistir todavía de sus buenos propósitos de conciliación. Mas apenas tomaba posesión de la presidencia, apareció por la frontera del Salvador un movimiento revolucionario encabezado por el general Terencio Sierra. Se le presentaba un pretexto para suspender las libertades de la prensa y de reunión, y el 11 de diciembre decretó el estado de sitio en toda la república. Así, quedaron suprimidas no solo esas sino todas las libertades; el pueblo ocurriría a la guerra civil, y el gobierno se entregaría por completo a los que representaban la reacción.

---

* Véase la nota B.

CAPÍTULO XII: INVASIÓN DEL GENERAL SIERRA

La invasión del general Terencio Sierra en momentos en que se practicaba por primera vez el principio de alternabilidad en el poder era a todas luces injustificable, porque llegaba solo a perjudicar la causa redentora del derecho. Suponiendo que Sierra hubiera invadido con suficiente ejército para triunfar sobre el gobierno, habría efectuado el cambio de un presidente originado de la ley por otro originado de la fuerza, causando un retroceso en la región de las ideas. Mas, invadiendo solo con veinte hombres, unos, hondureños movidos por el ansia de regresar a su patria, otros, aventureros impelidos por el deseo de medrar en la revuelta, no podría triunfar y daba pretexto al gobierno para que suspendiera en toda la república la libertad de imprenta y la de reunión que estaban permitidas. Era, pues, la invasión del general Sierra contraria a la libertad: un verdadero crimen.

¿Quién era ese militar que se permitía combatir al gobierno, trastornar el orden, interrumpir la libertad que avanzaba merced a las concesiones del presidente Bográn, aprovechadas por el partido liberal? El Gral. Sierra era entonces todavía desconocido. Inició su carrera de las armas en la guerra civil de 1873.

Sin más méritos que pertenecer a la clase propietaria y haber hecho en Estado Unidos de América algunos estudios para la carrera de comercio, el gobierno del doctor Céleo Arias le confirió el grado de teniente coronel y le incorporó a una de las columnas que combatían la insurrección.

Cayó Arias y Sierra fue al destierro. Regresó en la administración del dotor Soto y fue nombrado comandante de armas de la sección militar de Nacaome, puesto que conservó por su obediencia al despotismo. Obligado el doctor Soto a retirarse del poder, Sierra fue uno de los empeñados en que el doctor Arias le sucediera.

En consecuencia, se malquistó con Bográn, y este, poco después de recibir la presidencia, lo separó de los empleos. Teniendo ya Sierra el hábito del mando arbitrario y habiendo perdido el del trabajo, no era posible que bajase a obedecer y a ocuparse honradamente en la agricultura o el comercio, volvió a huir del país, ya con el grado de Brigadier que le había conferido el general Bográn para atraérselo.

Transcurridos varios años le llegó la noticia de la lucha electoral. Supo que el designado para suceder a Bográn era Leiva, y que el desprestigio de ese nuevo gobernante era inmenso. Creyó las exageraciones de la prensa, y aunque no las creyera, se le presentaba una buena ocasión para combatir a un enemigo, y sin pensar en la trascendencia de lo malo que hacía, aguijoneado por la ambición, entró con los pocos inexpertos que lo acompañaban a tentar la fortuna para él y a causar la desgracia del país.

Esa clase de hombres, como Sierra, formados por gobernantes despóticos, al no dárseles empleo, se vuelven enemigos del gobierno y viven conspirando para derrocarlo. Sin conocer las causas del triunfo de algunas insurrecciones, creen que todas pueden triunfar, y que con decir que van a luchar contra los tiranos, bastan unos cuantos gritos y tiros en los montes para que el pueblo se les reúna, los ejércitos se formen y el triunfo se consiga.

No; el triunfo de las insurrecciones está sujeto a leyes sociales, independientes de las ambiciones y de los egoísmos, y los que las intentan intempestiva o torpemente, no hacen más que trastornar el orden público. Los ánimos estaban exaltados, mucho era el desprestigio del gobierno cuando el general Sierra invadió, sin embargo, nadie corrió a engrosar sus filas, no porque se supiera que llegaba acompañado de muy pocos, no porque se comprendiera que buscaba solo el poder, sino porque las sociedades no están a merced del primer loco o ambicioso que quiera dirigirlas.

El general Sierra tomaba el nombre de liberal para atacar al gobierno y no era más que un farsante; alardeaba de que quería el bien del pueblo y con su invasión no hacía más que perjudicarlo. Cuando existía la colonia, los mayores enemigos de los pueblos eran los aristócratas y los sacerdotes. Obtenida la emancipación, formada la república, libertada la conciencia, los mayores enemigos de los pueblos son los que los gobiernan y los que desean dominarlos.

Estos hombres presentan a la conciencia popular perniciosas teorías: los de arriba las teorías del despotismo, los ambiciosos de abajo las teorías demagógicas. Esas llenan el aire de tempestades, el ánimo de temores, y los ignorantes y los tímidos se acogen a la fuerza para salvarse. Sierra decía que con la insurrección debía libertarse el pueblo.

66

No, no es con insurrecciones ridículas, con saltos de mata, con lo que se encamina a los pueblos a ser libres. Los que siguen a los ambiciosos están tristemente engañados, no tienen la menor noción del derecho, o van en busca de punible merodeo.

En presencia del escaso peligro que amenazaba a Leiva, no debió este alarmarse y sí ocurrir con habilidad a mantener el respeto debido a su gobierno. Mas el no conocía las causas y efectos de los acontecimientos, y el que no los conoce pierde al pronto la sangre fría necesaria.

Después de decretar el estado de sitio en toda la república, como si toda estuviera amenazada, dispuso levantar un gran ejército como para defenderse de enemigo formidable, y ordenó combatir a Sierra, sin plan sin arte ninguno militar. Sierra, perseguido por columnas de tropas, se dio a correr por montes, valles y cerros cual capitán de bandoleros, y como no se le alcanzaba, el pueblo se reía del gobierno y calificaba a Sierra de gran guerrillero. Cansado este y sin esperanza de aumentar su escasa tropa, se volvió al Salvador sin haber intentado la menor acción que pudiera distinguirlo.

En un país donde se tiene conciencia de lo que son y hasta donde alcanzan los derechos del pueblo, se habría reprobado con energía la insensata invasión, y Sierra habría sido capturado por la gendarmería y castigado por los tribunales comunes sin que el gobierno se entrometiera en la imposición de la pena. Mas, en un país como Honduras, donde el constante abuso de la fuerza de arriba y los hábitos revolucionarios de abajo han pervertido las ideas, los temerarios como Sierra halaga las imaginaciones comprimidas, y si logran salvarse por la flojedad e ineptitud del gobierno, se convierten en héroes populares.

Los liberales, sin embargo de que ellos eran los más perjudicados, se entusiasmaron con la invasión de Sierra, y el doctor Bonilla, que debió condenarla con vigoroso acento, se limitó a declarar que no tenía con ella ninguna conexión. Con esto daba a entender que lo que hacía Sierra no era malo; pero no debían seguirlo los liberales porque no procedía con instrucciones del jefe del partido.

Ya lo hemos dicho: si es funesto que un solo hombre personifique toda autoridad, todo gobierno, peor es que un solo individuo personifique las oposiciones o los partidos, y no debe consentirse ni una ni otra cosa porque las sociedades padecen inmensamente cuando están al arbitrio de las pasiones personales. Si el gobierno no lo hubiera representado solo el general Leiva, habría levantado el estado de sitio inmediatamente después que el general Sierra fue reconcentrado a la capital salvadoreña de orden del presidente Ezeta; pero no lo hizo porque no quería ninguna oposición. Y si el partido liberal no lo hubiera personificado el Dr. Bonilla, este, aun censurando lo malo, hubiera sostenido al gobierno que representaba por primera vez la alternabilidad; se habría satisfecho con practicar la libertad de la prensa y de reunión y de entrar en las luchas electorales; pero no trabajaba ya sino por el poder y después que el general Sierra regresó al Salvador, continuó agitando los ánimos, y con el pretexto de que el gobierno mantenía el estado de sitio, empezó a conspirar. Dio instrucciones a todos los clubs liberales de prepararse a la defensa diciéndoles que estaban amenazados de ser disueltos por la fuerza; entró en inteligencias con los emigrados de importancia para que estuviesen listos a invadir si llegaba el caso de ocurrir a las armas en el interior; y a unos y otros les envió la señal de levantamiento.

El gobierno sospechó la conspiración: veía la actividad de los liberales y recibía informes que la confirmaban; pero sin pruebas no querían ocurrir a las represiones. Ordenó que se aumentara la tropa de guarnición en las plazas y "El Correo Nacional", órgano del ministerio, profirió amenazas contra los conspiradores. El doctor Bonilla se defendió limitándose a negar, y a sus amigos les dijo que no se preocuparan por las amenazas del gobierno, pues no llegaría a obtener la prueba del delito, porque no se puede probar un pensamiento; y no desistió de sus propósitos.

Había entrado el doctor Bonilla en una pendiente resbaladiza y ya no retrocedería. Nadie habría podido conseguir que desistiera de su loco intento. Creía que el desprestigio de Leiva bastaba para producir una revolución. Algunos lo incitaban con ofrecimientos y él no quería perder la oportunidad de levantarse. No pensaba que aun en el caso de que el pueblo estuviese pronto a responder a su llamamiento, no tenía armas, y que sin armas, aunque lograra reunir millones de hombres, no podría vencer a los batallones armados del gobierno ni por obra de milagro; y aunque veía que el gobierno se aprestaba a la defensa, continuó el doctor Bonilla preparándose y se entendió con el general Sierra a fin de que volviera a invadir.

Al general Manuel Bonilla, que permanecía en Nicaragua, le indicó que marchase a Livingston, reuniera a los emigrados que estaban en Guatemala e invadiera asaltando a Puerto Cortés en fecha designada. Por el camino de la revolución intempestiva, el pardito liberal dejaba de ser el defensor del derecho.

CAPÍTULO XIII: DESTIERRO DE LIBERALES PROMINENTES

Muchos de los liberales ayudaban al doctor Bonilla en la conspiración, convencidos de que el pueblo deseaba la guerra para deponer al general Leiva. Las ideas predicadas por la prensa de oposición daban este resultado. ¡Grande responsabilidad la de los escritores! Toda idea que se siembra en la sociedad sea buena o mala, germina. No comprendemos cómo sucede esto, porque no lo vemos, como no vemos germinar la semilla que se siembra en la tierra sino hasta que brota el tallo en la superficie; mas es lo cierto que una idea depositada en la conciencia toma forma y se desarrolla.

Por lo mismo, de los escritores depende el bien o el mal en la sociedad y su responsabilidad es inmensa. El jefe del partido liberal predicaba la guerra por haber sido impuesto Leiva y por las arbitrariedades que este cometía. ¡Funesta equivocación! Se le creía justa; y era contra el derecho. Se le creía provechosa a la libertad; y favorecía al despotismo.

En las naciones educadas por el sistema de la fuerza se cree comúnmente que si el gobernante impone a un candidato el pueblo debe levantarse. No; la imposición es un abuso de facultades, un delito que debe castigarse; pero el castigo corresponde al tribunal que la ley designa, no al pueblo. Si ese tribunal no puede imponer el castigo, de aquí no se deduce que el pueblo debe hacer efectiva la responsabilidad. La constitución da el poder omnímodo al ejecutivo, y quien lo ejerce es un hombre, es decir, un ser frágil: vano, orgulloso, egoísta, impetuoso; se le pone la facilidad para el abuso; se quiere que sea responsable, y se le da el medio de evitar esa responsabilidad: este es un contrasentido.

El mal, pues, no está en el que abusa sino en la ley constitutiva que no dispone el modo de evitar el abuso. Si ocurre el pueblo a la insurrección para derrocar al gobernante impuesto no remedia el mal, porque cualquiera que sea el que ponga en su lugar, siempre cometerá los mismos abusos y atropellos, las mimas imposiciones, mientras no se reformen las leyes de manera que se haga imposible cometerlos.

En consecuencia, el deber del partido liberal era empeñarse con verdadero valor cívico en que se reformara la constitución para quitar atribuciones al ejecutivo y garantizar las libertades, no en que se cambiara al presidente Leiva. Y si se atendía a que los gobernantes anteriores al general Bográn habían tenido el poder hasta que la fuerza se lo había quitado, y él lo deponía voluntariamente, mucho menos se debía pensar en deponer a Leiva. La alternabilidad era verdadera ganancia y a toda costa debía tratar el partido liberal de conservar lo ganado, y no destruirlo.

Por el momento no debía desearse más. Después llegaría a obtener la libertad del voto. No conformarse con lo obtenido, querer que el presidente Bográn respetara en absoluto la libertad, y que en uso de esa libertad, el pueblo eligiese al doctor Bonilla, enemigo del presidente Bográn, y que este le entregara la presidencia, y el partido ministerial se resignase, era pretender un imposible, porque eso solo podría suceder por milagro, cosa que no existe en el mundo moral ni en el mundo físico. Nada se forma de manera súbita, sino lentamente, grado a grado.

Por lo mismo no era posible que el pueblo, siempre oprimido, llegara de improviso a la posesión completa de todos sus derechos. Por desgracia, el partido liberal no se resignaba a su derrota, e impulsado por el doctor Bonilla, ansiaba deponer a Leiva. Con esto se apartaba del camino que conduce a la libertad y demostraba que únicamente deseaba llegar al poder. Si el partido liberal hubiese querido alcanzar la libertad, jamás debió pensar en ir a la guerra prematuramente. ¡Ah! La libertad no es el producto de la fuerza ciega, es el resultado de la elaboración lenta de las ideas y estas solo pueden propagarse y difundirse al calor de la palabra, y la palabra solo vibra en los clubs y vislumbra en la prensa, y estos solo pueden trabajar en la paz. Por lo mismo el partido liberal debió empeñarse en continuar propagando las ideas progresivas, a pesar de los obstáculos y de los dolores.

Conspirar no era amar la libertad, sino desear sobreponerse por cualquier medio, querer el gobierno para gozar de granjerías y negarlas a los contrarios como ellos las negaban. Con la guerra no solo no conseguiría que se respetara la libertad del voto sino que corría el peligro de que entronizara el despotismo.

En todos los tiempos de la historia la guerra ha sido buena para destruir los privilegios, mala para establecer la libertad. El privilegio es la posesión de la fuerza y solo se destruye con la fuerza; la libertad es la observancia de los principios justos y solo se consigue con la difusión de las buenas ideas. Así, si se ocurre a la revolución para que la libertad se observe, por el mismo hecho de ser la fuerza contraía a la libertad, aquella se sobrepone, cualquiera que sea el resultado de la lucha armada. Si triunfa la revolución, los jefes que la han llevado a la victoria se sobreponen con el brillo de las armas, y para ejercer las represalias restringen la libertad. El pueblo los acepta creyendo que ellos son sus salvadores. Por lo mismo es grave falta ocurrir a la insurrección cuando, aunque con dificultades, pueda llegarse a la libertad por los medios pacíficos.

El partido liberal iba a caer en esa falta porque deseaba el poder. Conspiraba el doctor Bonilla y los liberales de su confianza le ayudaban activamente. El general Leiva comprendió el peligro y llamó al doctor Bonilla a una conciliación. Para que tuviera este confianza en la sinceridad de sus propósitos, nombró comandante de armas de Tegucigalpa al general Pablo Nuila, querido de los liberales; pero no transigió el doctor Bonilla y ya no pensó Leiva sino en prevenir el peligro por medio de la fuerza.

No encontraba entre sus amigos un militar enérgico, valiente, despótico, a quien nombrar comandante de armas de Tegucigalpa para que se hiciere temer de los liberales, y pensó en el general Domingo Vásquez, que le había servido en su anterior administración y se encontraba en Nicaragua. Resolvió llamarlo, y Vásquez apareció repentinamente en Tegucigalpa; a poco lo nombró, contra la opinión de sus ministros, comandante de armas de ese departamento, en sustitución del general Nuila. Había intentado Vásquez derrocar a Bográn haciendo asaltar el puerto de Amapala, se sabía su ciega ambición, y, no obstante, Leiva le daba las armas. A un enemigo inofensivo lo convertía, de la noche a la mañana, en enemigo poderoso.

El doctor Bonilla y sus amigos temieron a Vásquez, y se volvieron más prudentes; pero el general Leiva no creyó que desistieran de conspirar, principalmente por los frecuentes motines que ocurrían en Tegucigalpa, impulsados por los demagogos. Aumentó las guarniciones, y no tranquilo con esto, preguntó a sus cortesanos que más se debía hacer. Como sucede en tales casos, hombres que ignoran la ciencia política aconsejan según sus pasiones. Los más malos aconsejaron a Leiva que para evitar el peligro tuviera en la penitenciaría a los liberales prominentes y fusilara al doctor Bonilla;

otros aconsejaron que se les relegara a Roatán, puerto en una isla del mar Caribe, de clima muy insalubre, entonces mortífero porque acababa de atacar la fiebre amarilla; los cuerdos, que eran pocos, aconsejaron que se esperase a tener prueba plena de la conspiración y que se les encausara y castigase conforme a la ley.

Leiva resolvió el término medio, la relegación; y ordenó que se capturara al doctor Policarpo Bonilla, a los generales José María Reina, Miguel R. Dávila, Dionisio Gutiérrez, Erasmo Velásquez; y a los coroneles Miguel Oquelí Bustillo y Enrique Lozano, y se les remitiera a Roatán.

El general Vásquez, que ambicionaba el poder, vio que se le presentaba una oportunidad de demostrar influencia y atraerse simpatías populares, la cogió por los cabellos y observó al presidente Leiva la orden de relegación, indicándole que creía más conveniente para que los ánimos se aplacasen, cambiarla por destierro, en la seguridad de que por más que los desterrados se empeñaran en buscar auxilios para hacer la revolución, nada conseguirían, mucho menos del presidente Sacasa, y quedarían pronto desacreditados [*].

Aceptó Leiva lo que le aconsejaba Vásquez maquiavélicamente, y lo facultó para desterrarlos. La condescendencia de Leiva causó enojo a Bográn y a los ministros. Le hicieron muchas reflexiones sobre los peligros de dejarlos en más libertad para seguir conspirando; pero no retrocedió Leiva en su determinación tanto porque le parecía monstruosa la relegación a Roatán como por no disgustar al hombre en quien ponía su confianza como experto, enérgico y valiente.

El día 6 de mayo de 1892, llamó el general Vásquez a su despacho a los liberales indicados y les mostró la orden que había recibido de remitirlos a Roatán; pero les manifestó que les extendería el pasaporte para Nicaragua y debían marchar inmediatamente. Solicitaron permiso para salir al tercer día, llevando cada uno sus armas y les fue concedido ofreciéndoles Vásquez que sus familias no serían molestadas con ningún pretexto.

La noticia del destierro de los jefes el partido liberal se divulgó por todas partes y produjo en el pueblo de Tegucigalpa gran agitación. Formábanse corrillos, comunicábanse las ideas, se manifestaban las

---

[*] El general Vásquez en su emigración había solicitado auxilio de los presidentes de Centroamérica para hacer la guerra al general Bográn y nada había podido conseguir. De quien guardaba más resentimiento era del Dr. Sacasa.

quejas, se insinuaban deseos de ocurrir a las armas; pero el gobierno estaba fuerte, y los desterrados, en presencia de la horrible realidad de lo que sobrevendría, no podían hacer otra cosa que tratar de calmar los ánimos con promesas de mejora próxima, y a percibirse a cumplir lo ordenado. En la mañana del tercer día, término prescrito, salieron para Nicaragua por la vía de Guiñope. Gran número de correligionarios fue a encaminarlos a lejanas distancias, y el poder militar no lo impidió, ni estorbó las manifestaciones de simpatía de que eran objeto en los pueblos por donde pasaban. Cuatro días después traspasaron la frontera, dejando la consternación y llevándose la posibilidad de desencadenar más fácilmente sobre el país la horrible guerra civil.

CAPÍTULO XIV: ASALTO DE PUERTO CORTÉS

La noticia del destierro de los jefes del partido liberal se divulgó con mucha prontitud por todos los ámbitos de la república, y al paso que se difundía más se manifestaba la cólera contra el gobierno. Calificábase de arbitraria esa medida política y como una ciega y torpe venganza por los ataques que le habían dirigido. Muy pocos sabían que en verdad conspiraba el doctor Bonilla; por lo mismo aunque en el fondo tuviera el gobierno alguna excusa, careciendo de prueba siquiera aparente, el pueblo atendía solo al proceder ilegal, y consideraba a los desterrados como mártires de la libertad.

Los gobernantes proceden al arbitrio porque desconocen la virtud de la ley. Creen que la verdadera fuerza está en el ejército y a él se agarran suponiendo que así permanecerán muy firmes. Se engañan tristemente. La fuerza inconsciente de las armas no es energía, es debilidad; y por esto los gobernantes arbitrarios, aun creyéndose fuertes, viven entre miedos y zozobras. La más pequeña oposición, necesaria para la vida social, porque sin ella se corrompen los pueblos como el agua estancada; la más pequeña oposición inquieta, le temen, tratan de comprimirla y les resulta que con las persecuciones la aumentan.

Una conspiración no solo los inquieta, los llena de espanto, procuran destruirla a todo trance y sin esperar a tener alguna prueba para fundarse en la justicia y a que los tribunales castiguen conforme a la ley, proceden al arbitrio y se abrogan el derecho de imponer ellos el castigo. Las conspiraciones son a veces extravío de los que ambicionan el poder; otras consecuencia del malestar que crea el despotismo. Si la libertad existe, ríase el gobierno de los conspiradores.

Tenga el ejército dirigido por jefes competentes y honrados, no busque favoritos que regularmente son ineptos, o cortesanos que puedan traicionarlo, y deje a los conspiradores que se engolfen: se pierden sin remedio al llevar a obra la conspiración, y él se vigoriza anonadándolos con la aplicación imparcial de las leyes. Si la conspiración es consecuencia del despotismo, en vez de debilitarla o destruirla con medidas arbitrarias, la agrandan; y si no pueden unos continuarla, otros los reemplazan, con ventajas, porque el pueblo que siempre se conduele y admira a las víctimas estará siempre listo para vengarlas. Entonces el gobierno se encontrará bamboleante.

Esa era la situación del general Leiva cuando ejecutó el destierro de los jefes del partido liberal. Sin embargo, viéndolos salir del país se consideró fuera de todo peligro y respiro con desahogo. De pronto le llega el informe de que el general Manuel Bonilla había asaltado a Puerto Cortés. Su contrariedad fue inmensa, su temor indescriptible. Gozaba el general Bonilla de buena reputación militar, se le creía de mucho juicio, y se supuso que no se aventuraba como Sierra en una empresa loca, sino que llegaba muy fuerte.

El general Manuel Bonilla había servido siempre en las filas del gobierno, se distinguió en varias campañas anteriores por su valor y disciplina, y obtuvo desde soldado raso, en rigurosa escala, sus grados militares. El presidente Soto lo ascendió a brigadier, lo hizo su favorito y le encomendó varios puestos de importancia. En 1883 en que se retiró Soto del poder, era el general Bonilla comandante del puerto y administrador de la aduana de Amapala. Sintió mucho pesar, y quería que el que le sucediera fuese de la conveniencia de Soto.

La candidatura de Bográn le desagradó; se opuso a ella y se empeñó en que triunfara la de Arias, a quien había servido en la época de su gobierno. Prevaleció Bográn y quitó al general Bonilla sus empleos. Este salió del país poco tiempo después y ayudó a los trabajos empeñados para que volviera al poder el doctor Soto. Estas tentativas no tuvieron buen éxito; y en 1891 se hallaba el general Bonilla en Nicaragua, fastidiado de su emigración y ansioso de regresar a la patria.

Lo habría efectuado; pero el general Leiva, presentado como sucesor de Bográn, le disgustó, al ser impuesto varió de propósito, y como lo invitase el doctor Bonilla a que le acompañara en la insurrección que proyectaba se puso a sus órdenes.

El doctor Bonilla inició sus trabajos políticos abogando por la buena causa, el imperio del derecho. Aconsejaba al gobernante respeto a las leyes, a los ciudadanos valor cívico y a los partidos moralidad política. Quería la organización del partido liberal para que fuese celoso defensor de la paz, benéfica a la libertad, y reprobaba enérgicamente la guerra, calificándola como la fábrica de los déspotas. Cuando se vio jefe de partido y con el aura popular que le dieron los desaciertos del gobierno, pensó que podía llegar al poder, lo ambicionó y dominado por esa baja pasión del egoísmo, calló las ideas que había predicado, las olvidó y predicó las contrarias: las revolucionarias. Subió el general Leiva por imposición de Bográn y el Dr. Bonilla no quiso transigir en bien de la causa del derecho, protestando que la alternabilidad no era legítima, y empezó a conspirar.

Cuando lo creyó oportuno recordó al general Bonilla el ofrecimiento que le había hecho de sus servicios y le ordenó que se dirigiera a Livingston para que efectuara una invasión por la costa del norte de Honduras en apoyo al levantamiento de los departamentos del Sur. El general Bonilla se trasladó sin pérdida de tiempo de Nicaragua a la capital de Guatemala. Se detuvo allí pocos días y el 5 de mayo partió para Livingston acompañado de varios hondureños que habían salido del país por las persecuciones ejecutadas en la lucha electoral. Al llegar a Livingston supo que habían sido desterrados los jefes del partido liberal, creyó que eso habría provocado el levantamiento, convenido, y se embarcó, seguido de sus correligionarios, con dirección a Puerto Cortés, para cumplir su encargo. *

Arribaron los pasajeros a la playa del puerto, corrieron al cuartel de la comandancia y lo tomaron con facilidad por la sorpresa. Mas no había reflexionado el general Bonilla sobre la gravedad de su proyecto, como sucede siempre a los que obran cegados por las pasiones. Ya en ese cuartel se encontró en posición difícil. Hay como a cinco kilómetros de distancia otro cuartel que defiende el paso de la Laguna, de grande importancia táctica, y tomarlo estando apercibida ya la guarnición, reforzada con los derrotados del Puerto, era empresa muy difícil para pocos invasores.

Sin tener la Laguna no podría el general Bonilla comunicarse con los liberales del interior para que llegaran algunos a engrosar sus filas, y en esta situación se desconsoló. Le informaron que no se sabía de otros levantamientos en el interior, y por otra parte, el puerto se hallaba infestado de la fiebre amarilla: su proyecto había sido temerario.

---

* Según el Dr. Bonilla, ordenó al general Bonilla no efectuar todavía el asalto, pero quien llevaba la orden se cruzó con él en el mar.

El gobierno recibió informe de que los invasores eran muy pocos y los vecinos los abandonaban. Se tranquilizó y ordenó que fuesen tropas de San Pedro Sula a reforzar la Laguna y a recuperar el puerto. Atacado el general Bonilla por fuerzas muy superiores no pudo resistir, y, desistiendo de su empresa, se embarcó con la mayor parte de sus compañeros para no acabar todos tristemente. Murieron unos en el combate, y otros de fiebre amarilla [*], jóvenes instruidos, muy apreciables, amantes de la libertad.

Almas generosas, creían que iban a combatir por la causa del derecho; que servían al pueblo, y si caían, su muerte habría de ser útil a la libertad. Sublime es siempre el heroísmo de los hombres que ofrendan su vida en provecho de los demás; pero el de esos jóvenes inexpertos, ¡Qué estéril sacrificio! No solo estéril: porque en vez de aprovechar a la libertad la perjudicaba. En cada combate en que la victoria está de parte del despotismo, este se robustece, se vigoriza más. ¡Ah! La libertad no arraiga en los pueblos cuando la sirven las pasiones sino cuando la sustentan las virtudes. No debemos dar la vida por la libertad con precipitación en un momento, sino consagrarle con rectitud y calma toda nuestra existencia. Solo así conseguiremos que disminuyan los horrores de la maldad, que desaparezca la abominable tiranía.

---

[*] Entre ellos murieron el joven José María Durón, en el combate, el coronel Fernando Pérez, Santiago Cervantes y Ramón Huete de fiebre amarilla. La muerte del inteligente joven Francisco Lobo Herrera es todavía un misterio: algunos dicen que lo asesinaron sus mismos compañeros porque los compelía a seguir combatiendo.

CAPÍTULO XV: LEVANTAMIENTO EN EL PUERTO DE LA CEIBA

El asalto de Puerto Cortés, ejecutado por el general Bonilla sin reflexión, sin medir las propias fuerzas y las del gobierno, sin ver las dificultades con que habría de tropezar para reunir su ejército, mantenerlo y conducirlo, era falta grave, no solo política sino militar. La conciencia nacional debía reprobarlo porque perjudicaba la causa del derecho; mas era tanto el desprestigio del gobierno y se hallaba la opinión pública tan indignada por el destierro arbitrario de los del partido liberal que lo recibió con alegría. Atacar a los que se odiaba, ponerlos en peligro, no dejarles tranquilidad, ese era el general deseo, aunque sobrevinieran padecimientos. Los liberales se entusiasmaron y especialmente los del os departamentos del sur se dirigían insinuaciones recíprocas para que se ocurriese a ayudar al general Bonilla; pero a poco llegó también la noticia desconsoladora de que este se había reembarcado y todos procuraron ocultar su propósito para aprovechar mejor ocasión.

El general Leiva, con el peligro que lo amenazaba en Puerto Cortés, se había llenado de temor y permanecía vacilante. Al recibir la noticia de haberse recuperado aquel puerto, dio suelta a la contenida cólera y ordenó encarcelar y perseguir a todos los que habían mostrado su alegría por el suceso y tuviesen en el pueblo alguna influencia. Muchos fueron encarcelados, otros emigraron para librarse de la prisión, entre estos el doctor César Bonilla, magistrado de una de las cortes y síndico municipal de Tegucigalpa, quién recibió la orden de marchar a Roatán por habérsele electo a pesar del gobierno, en reposición del doctor Enrique Lozano que había sido desterrado.

Esas persecuciones las ejecutaba el gobierno por sistema. Si desconfiaba de alguno, aunque no diera motivo, lo perseguía. Y sucede que cuando un gobernante es celoso, si no tiene enemigos de quien desconfiar, desconfía de sus amigos y los molesta, con lo cual los convierte en enemigos. Tal sucedió con el coronel Leonardo Nuila, joven inteligente, simpático, jovial, caballeroso y de valor. Era de Santa Bárbara, hijo del Gral. Pablo Nuila, muy amigo de Bográn. Este lo protegía, y sin embargo de tener muy pocos años le dio el grado de teniente coronel y lo nombró jefe político, militar y de hacienda del distrito de La Ceiba. Faltaba a Nuila instrucción, no había alcanzado experiencia, la educación administrativa que adquiría era muy mala; no podía tener siempre rectitud. Pero de buen natural, sin estar pervertida su conciencia, suavizaba el cumplimiento de las órdenes que recibía de cometer atropellos, y las esquivaba cuando se referían a sus amigos personales, con quienes era abierto, servicial. Por esta conducta se le estimaba en la costa norte, y con especialidad en su distrito, pero desagradaba a los admiradores del despotismo y estos trabajaban contra él ante el gobierno. Bográn no atendía esas quejas, lo sostenía en su puesto, y en demostración de confianza lo ascendió a coronel. Mas cambiado el gobierno, consiguieron de Leiva que lo separase del empleo y lo sustituyese con uno que obedeciera ciegamente las órdenes despóticas que imprudentemente le aconsejaban algunos de sus ministros.

Nuila tenía a Leiva cariño y le servía con lealtad. Injusto era el despojo y se consideró deprimido. Los liberales no le guardaban rencor, aunque había impuesto la candidatura oficial, porque después les daba garantías. Comprendiendo que se quitaba a Nuila para amenazarlos, manifestaron su descontento y lo rodearon, pidiéndole que fuera su jefe. Nuila aceptó, y de agente del gobierno pasó a jefe de la oposición en el distrito.

En la costa norte estaba el pueblo tan descontento como en el sur, aunque parecía menos fogoso por sus ocupaciones en los trabajos agrícolas y al saber que el general Bonilla había tomado Puerto Cortés, se conmovió profundamente. En la Ceiba tenían los liberales de influencia unas pocas armas ocultas y excitaron a Nuila a levantarse en auxilio de los invasores; mas sin estar listos necesitaban algunos días para reunir con sigilo a los que les habían de ayudar a tomar el cuartel. En arreglos estaban para ejecutarlo cuando llegó noticia de que la invasión de Puerto Corté había fracasado, reembarcándose el Gral. Bonilla para Guatemala. De prudencia era suspender el proyecto aislado; pero sin desistir de él continuó Nuila preparándose y trató de ponerse en relaciones con todos los liberales del interior y con los emigrados. De Guatemala le avisaron que el Dr. Bonilla había llegado a la capital, y mandó a un agente a comunicarle que estaba listo para la vadera de la revolución en nombre del partido liberal, y lo excitaba a que fuera a ponerse al frente del movimiento, o si esto no le era posible, mandase al Gral. Manuel Bonilla para que, como jefe experto y de prestigios en el ejército, dirigiese las operaciones militares.

El Dr. Bonilla al salir desterrado para Nicaragua, solicitó auxilio de aquel gobierno para regresar a combatir a Leiva; pero no le dio esperanzas de obtenerlo y se fue a Guatemala, propuesto a gestionar en el mismo sentido. Encontró la triste noticia del mal resultado de la intentona de Puerto Cortés y se desconcertó porque nada podía prometer al presidente guatemalteco. La llegada del comisionado de Nuila le devolvió sus halagadoras esperanzas, y se llenó de júbilo con la noticia que recibió, casi al mismo tiempo, por telégrafo de que ya se había efectuado el levantamiento, proclamándolo presidente provisional. Sin vacilar aprobó el levantamiento, acetó la proclamación, envió aplausos a Nuila por la actividad y energía que demostraba y lo felicitó por los triunfos que obtenía en favor de la revolución. Pero creyendo necesaria su permanencia en Guatemala para comunicarse con los revolucionarios que debían levantarse en el sur, solicitar auxilios o evitar complicaciones que pudieran sobrevenir le contestó que no le era posible ir a aquella costa, y le extendió las instrucciones sobre el modo como debía proceder mientras se le incorporaba el Gral. Manuel Bonilla, a quien mandaría en su nombre como lo solicitaba.

Nuila tenía el propósito de aguardar la respuesta del Dr. Bonilla para efectuar el levantamiento. De pronto supo que habían llegado a La Ceiba unas armas del gobierno pedidas al exterior, y resolvió quitarlas sin perder tiempo antes de que fueran remitidas a Trujillo, a donde iban consignadas. Reunió a sus amigos y el 23 de junio se apoderó del cuartel, tomó las armas, desconoció al gobierno de don Ponciano Leiva y proclamó al doctor Bonilla presidente provisional de la república. Inmediatamente procedió a organizar el servicio administrativo, y nombró al doctor Francisco Grave de Peralta jefe del distrito.

El levantamiento del coronel Nuila fue recibido con gran regocijo, y todos los que en La Ceiba y sus contornos eran aptos para el servicio de las armas corrieron a presentarse a la revolución. En pocas horas tuvo el coronel Nuila a sus órdenes más de cuatrocientos hombres equipados, y en la noche del mismo día se embarcó con ellos para Trujillo, proponiéndose tomar por sorpresa aquella plaza antes de que llegase la nueva del suceso. Era comandante de Trujillo el general Roque J. Muñoz, hombre que se había hecho odiar en todo el departamento por su carácter despótico. Hasta para ejecutar algún acto legal o benéfico lo hacía con aspereza, y en vez de agradecerlo quedaban todos enojados; y sea porque aborreciéndolo nadie quisiera informarle lo que había sucedido en La Ceiba o sea por la rapidez con que los insurgentes se dirigían a Trujillo, Muñoz no lo supo y estaba sin ningunas precauciones. La noche del 24 desembarcaron las tropas de Nuila en una playa cercana a la ciudad, se dirigieron a la plaza, atacaron el cuartel y lo tomaron sin mucha resistencia. El Gral. Muñoz habitaba en una casa particular y no pudo salir para incorporarse a su tropa de guarnición. Lo buscaron allí los soldados insurgentes y, al encontrarlo, lo asesinaron; tanto era aborrecido. Mas aunque así fuera, jamás debió matársele, porque esa sangre vertida por el asesinato manchaba el estandarte de la revolución. Los que combaten el despotismo por el ideal de la justicia no deben ejercer las represalias, deben respetar al enemigo; de lo contrario, no merecen el triunfo, pues los que comienzan con venganzas no pueden implantar la libertad.

CAPÍTULO XVI: MARCHA DE LOS PATRIOTAS A LA FRONTERA NICARAGÜENSE

Los atropellos que siguieron al fracaso de la invasión de Puerto Cortés tenían al país en la mayor efervescencia, la revolución estaba moralmente hecha, faltaba solo la chispa que la prendiera, y esta fue la noticia del levantamiento del coronel Nuila en La Ceiba y la toma de Trujillo, divulgada con gran prontitud. Los liberales, llenos de inmenso júbilo, abrigaron la esperanza del triunfo, y en Tegucigalpa y Comayagüela determinaron responder con otro a aquel movimiento revolucionario. Para verificarlo sin dilación tropezaban con la dificultad de que no había un solo jefe militar que se encargara del mando.

Los que pertenecían al partido y los hombres civiles de influencia estaban desterrados o confinados a poblaciones remotas, y entre los jóvenes de alguna instrucción no perseguidos ninguno inspiraba suficiente confianza de que pudiera dirigir las operaciones de la guerra. Las autoridades sabían esto y se hallaban tranquilas creyendo que sin caudillos no se movería el pueblo. Mas el despotismo no puede preverlo todo ni llevar las persecuciones al extremo.

Había quedado en Tegucigalpa un hombre respetable, don Julio Lozano, liberal prominente a quien no consideraban peligroso por ser ya viejo, y este, sin que se lo impidiera su mucha edad, sin atender a que comprometiéndose en la revolución se perjudicaría en sus negocios de comercio, habló con los liberales más entusiastas y los instó a que se reunieran con sus íntimos amigos, empuñaran las armas disponibles y se fueran a la frontera de Nicaragua a donde vendrían a incorporárseles los jefes del partido liberal que estaban desterrados.

Los patriotas de Tegucigalpa y Comayagüela, todos inexpertos y, por lo mismo, impacientes por ir a la lucha armada, aceptaron con gusto las indicaciones del señor Lozano. Envió este correos a llamar a los jefes, suministró dinero para los gastos indispensables y señaló la noche del 5 de julio para que se efectuara la salida. Debían reunirse los patriotas con el mayor disimulo y en las primeras horas de la noche en la laguna del Pedregal, y comandados por don Samuel S. Valladares y don César Lagos, dirigirse al Carrizal, caserío en el departamento de Choluteca que linda con El Paraíso y la república de Nicaragua.

A las cuatro de la tarde del día designado salieron de Tegucigalpa don César Lagos y su hermano Antonio Ramón, y por un rodeo que hicieron para que no se sospechase a donde iban, llegaron a la laguna como a las nueve de la noche con dos amigos que se les reunieron en el tránsito. No encontraron a nadie y pasadas largas horas de espera recibieron informes de que, por considerar muy lejano el punto de reunión, se había quedado Valladares con algunos compañeros cerca de Comayagüela, habían detenido a otros y ya en número como de ciento, casi todos armados con fusiles Winchester y Remington, habían emprendido la marcha hacia la frontera nicaragüense. Al saberlo se fueron a alcanzar a sus correligionarios.

Los patriotas se habían reunido, en efecto, a un lado del cerro de Sipile, y a eso de las once de la noche salieron para Sabanagrande con el objeto de quitar las armas que tenía la comandancia del distrito. Lo ejecutaron sin resistencia y continuaron para Armenia. Supieron que habían llegado a Texiguat ciento cincuenta hombres del gobierno y se dirigieron a atacarlos; pero el jefe recibió informes de que los insurgentes se acercaban y esquivó el combate, retirándose para Yuscarán. Hallaron en Texiguat algunas armas y este telegrama escrito en el lenguaje del despotismo: "General Ramón Zelaya Vijil: Me dice el señor presidente que usted salía de Yuscarán en dirección a esa plaza. El comandante Camilo Serrano, jefe de toda mi confianza, sale para Morolica con una columna de muy buena fuerza y con orden de obrar de acuerdo con usted si le pidiese auxilio. Sabrá usted ya que la pandilla desprendida de Tegucigalpa, que ayer estuvo en Sabanagrande, se dirigió hacia Armenia. Es compuesta de vagos que no quieren trabajar para vivir. Estos son sus únicos principios. Están mal armados y sin disciplina. Tengo facultades del gobierno para hacer pesar sobre los criminales las leyes de la guerra, y desgraciados de los que caigan en manos del comandante Serrano. — Williams". Sin vacilar marcharon los insurgentes para Morolica, sorprendieron la columna de cincuenta hombres del gobierno y en media hora de combate la derrotaron, tomándole seis prisioneros, treinta y cinco fusiles y varios cartuchos. Dieron libertad a los prisioneros, prosiguieron la marcha y llegaron al Carrizal en número de más de trescientos, pues comunicado el entusiasmo a todos los que habitaban los lugares del tránsito se les incorporaban los que no tenían obstáculos para ponerse en camino.

La actividad militar que empezó desde el levantamiento de Nuila creció con la salida de los patriotas de la capital, y se hizo imponente el despliegue de las tropas del gobierno; pero los pueblos no se atemorizaban con el rodar de los cañones y el crujir de las armas, oían más la campana revolucionaria que tocaba a rebato y de todas partes llegaban al Carrizal a engrosar las filas de los insurgentes. Mas no basta para la guerra tener hombres, necesarias son también las armas, y como solo se había podido reunir ciento cuarenta fusiles de diferentes sistemas, se regresaban muchos de los que concurrían porque no se les daba con que pelear. Algunos, siendo grande su deseo de servir, se quedaban aún desarmados, y ascendió luego a más de quinientos el número de los insurgentes del sur.

Pero no podían comenzar las operaciones de la guerra porque no habían llegado los jefes que se mandaron llamar. Era preciso aguardarlos; y se formó campamento en una altura próxima a la línea divisoria de las dos repúblicas. Daba su frente al caserío del Carrizal y la espalda al de los Calpules, Nicaragua.

Pasaron ocho días de grande ansiedad y al fin se supo que venían en camino los jefes militares, con rumbo a San Marcos de Colón. La distancia del Carrizal a San Marcos es de treinta y cinco kilómetros, poco más o menos, y deseosos los insurgentes de que se les incorporasen los jefes lo más pronto posible, para salir de la inacción que mucho les fastidiaba, resolvieron ir a encontrarlos. Se pusieron en marcha, y cuando estaban ya muy cerca de San Marcos dieron parte los exploradores de que venían por el camino de Choluteca fuerzas del gobierno también para aquel pueblo. A poco las avanzadas de las dos columnas se descubrieron y cambiaron algunos disparos. Eran las seis de la tarde, comenzaba a anochecer, y una y otra de las fuerzas enemigas ocuparon posiciones opuestas en las alturas que circundan el pueblo, no atreviéndose ninguna a entrar a él por suponer que era allí más difícil la defensa. Valladares y Lagos convocaron a los comandantes de las compañías y deliberaron sobre lo que debían de hacer. Como les llegara informe de que con seguridad no excedía el enemigo de doscientos hombres, resolvieron pasar allí la noche, y si eran atacados al amanecer, aceptarían el combate; mas si no lo eran, esperarían a los generales, que se sabía estaban pernoctando a treinta kilómetros de distancia, para que ellos determinaran lo conveniente. Sin embargo, a eso de las diez, algunos de los desarmados, alegando que de nada servirían en el momento de un combate, dispusieron regresar al Carrizal; los demás desarmados los siguieron y el ejemplo arrastró a todos, haciéndose general la retirada, sin que fuera posible contenerla por falta de disciplina. Este suceso fue causa de muchas pérdidas, y pudo haber ocasionado la destrucción completa de la columna revolucionaria si el jefe enemigo, general Rafael Antonio

Tercero, bien informado de lo que pasaba, la hubiera perseguido; mas no conocía el estado de los insurgentes, y el temor que da la impericia en la guerra hizo que no aprovechase una ocasión preciosa para desbaratar de un golpe la revolución sin combatir. En vez de apresurarse a la ofensiva, temió ser atacado y cuando los patriotas se retiraban para el Carrizal, él contramarchaba para El Banquito, lugar intermedio entre San Marcos y Choluteca.

Dos días después del regreso de los patriotas a su anterior campamento llegaron los generales José María Reina, Miguel R. Dávila y Erasmo Velásquez. Todos estaban allí disgustados por la dilatada espera y tristes por la dispersión que ocasionó la retirada de San Marcos; pero la presencia de los generales devolvió la confianza y reanimó el entusiasmo. El general Reina, de mayor graduación, asumió el mando y ordenó se reorganizase a los hombres que quedaban. Había ya solo trescientos con ciento veinte fusiles; estaban desprovistos de todo y no tenían dinero para comprar ni lo absolutamente necesario; creían que los generales llevarían armas, y mucha fue la contrariedad al ver que llegaban solo sus personas. Sin embargo, estaban ya en el camino y era preciso ir adelante. No había más que un deseo: pelear contra los tiranos, conquistar la libertad.

Los generales preguntaron sobre la situación del país, y se les informó con amplitud. El gobierno estaba en Comayagua: no había unidad, sistema ni firmeza; perseguía por miedo y atropellaba con vacilación; su desprestigio siempre en aumento; hacía esfuerzo por levantar el ejército y no lograba organizar sino pocos batallones, pues si no se incorporaban a la revolución los que pertenecían a las milicias, iban a esconderse a las montañas. De las tropas en armas había salido una parte a las órdenes del general Alfonso Villela a combatir a los revolucionarios del norte, y la otra se encontraba en Choluteca para combatir a los revolucionarios del sur. En vista de esos informes discutieron los generales sobre el plan que debía seguirse y resolvieron alejarse del enemigo para evitar combate mientras se conseguía más pertrechos: se irían a Danlí, donde se tendrían medios de subsistencia y se podría encontrar algunas armas. En consecuencia se emprendió la marcha, efectuándose en buen orden y sin cometer ningún atropello. En los lugares por donde los insurgentes pasaban se despertaba el entusiasmo revolucionario; los habitantes daban gratis todo lo que aquellos necesitaban, y muchos se presentaban a ofrecer sus servicios militares; pero como sin armas era inútil tener hombres, se retiraban los que no podían agregarse con alguna. Después de varios días de marcha penosa se llegó a Danlí, ciudad verdaderamente liberal que recibió a los insurgentes con alegría y les suministró comodidades y recursos. Allí se les incorporó el general Vitalicio Láinez con algunos armados, y ascendió la columna a poco más de trescientos hombres con ciento cincuenta fusiles de varios sistemas.

La tropa, no acostumbrada a las fatigas, estaba extenuada, necesitaba de descanso, y acordaron los jefes permanecer en Danlí mientras se recobraban las fuerzas. Pocos días después se supo que el enemigo había salido de Choluteca en número de mil quinientos hombres y estaba para llegar al pueblo del Paraíso, distante de Danlí veinticinco kilómetros. Era de urgencia adoptar el plan de operaciones, y el general en jefe convocó, la noche del 25 de julio, un consejo para deliberar sobre lo que debía resolverse. Varios fueron los pareceres, mas al fin se convino en presentar combate defensivo, y para no perjudicar a la ciudad que los había recibido con tanto cariño, saldrían a esperar al enemigo en alguna buena posición defensiva de los alrededores.

Esa resolución demostraba gran energía en los que la propusieron, mucho valor en los que la aceptaron; pero ignorancia completa de todos en el arte de la pequeña guerra. En las condiciones de escasez de armas y de gente en que estaban los revolucionarios, decidirse a combatir en serio y presentar combate defensivamente, olvidando las sorpresas y emboscadas, era incurrir en una grave falta táctica. Eran tan desiguales los adversarios que en este caso podemos decir que la defensiva era mucho más difícil y peligrosa que la ofensiva; pero por el hecho de exigir menos iniciativa de parte de los subalternos, se le cree más favorable y la prefieren algunos jefes timoratos que no tienen ciencia ni experiencia. Toman la defensiva los ejércitos débiles con respecto al enemigo y lo hacen con el objeto de compensar su inferioridad aprovechando todos los medios que la fortificación proporciona a la táctica. Además de que una defensa pasiva nunca produce grandes resultados, solo en casos muy especiales y contra tropas mal preparadas y peor mandadas permite aprovechar la superioridad que se desea, y para esto se necesita mucho tino en la elección del campo y en su organización para la defensa. Aún con inferioridad numérica, teniendo tropas llenas de patriotismo y de entusiasmo, debe preferirse una ofensiva enérgica combinada con sorpresas y emboscadas, si fuere posible. Por lo mismo, esta forma de combate debiera haberse adoptado. Escoger entre los más ágiles a los más vigorosos y resueltos para darles las armas, y deshacerse de los demás despachándolos a la frontera próxima; emprender maniobras hábiles hasta obligar al enemigo, que venía en un solo cuerpo, a dividirse sin precauciones, creyendo que por miedo se esquivaba el combate; esperar que cometiera faltas militares, y cuando estuviera en posición falsa, caer de improviso sobre la fracción más débil atacándola con impetuosidad para no darle tiempo de ser socorrida por las otras fracciones, y batir a estas sin dilación separadamente; ese plan, favorecido por la población de los pueblos y los campos que se aprestarían a enviar auxilios, a suministrar provisiones, guías y noticias, y contando con las deserciones de las tropas del gobierno, podría haber dado resultados brillantes. Mas los jefes insurgentes no conocedores de la táctica, creyendo que el valor personal de su reducida e inexperta tropa podría salvarlos de la enorme superioridad de los gobiernistas, adoptaron la defensa pasiva, resolución que debió traer forzosamente la pérdida inmediata de la campaña.

CAPÍTULO XVII: LA MINITA

Al amanecer del día 26 de julio, recibieron orden los diminutos cuerpos insurgentes de alistarse para marchar. Sonaron los clarines el último toque a las doce, y poco después se puso en movimiento la pequeña columna por el camino que va de Danlí al pueblo del Paraíso. La tropa iba silenciosa; sin saber a qué lugar se le conducía, ni en donde se hallaba el enemigo; pero tenía el presentimiento de que el combate estaba próximo. Anduvo unos cuatro kilómetros, variaron los guías a la derecha y subieron por un recodo a un cerro llamado La Minita, poco distante del camino.

El cerro, que algunos llaman también "Las Anonas", se levanta en un hermoso valle y se extiende de norte a sur, como desprendido de la cordillera. La falta del norte se prolonga en ondulación, forma un collado cubierto de pinos y declina frente a otro cerro; las faldas del este y oeste caen escarpadas; la falda del sur baja en pendiente poblada de bosques hasta terminar en la llanura. En ese cerro, que los generales insurgentes calificaron de posición defensiva inexpugnable, presentarían el combate.

Calculando por los informes recibidos, el enemigo debía llegar a Danlí a las seis de la tarde. Los jefes insurgentes se proponían sorprenderlo en la marcha, y para tratar de conseguirlo ordenaron a la tropa ocultarse en el bosque en completo silencio, y tomaron las siguientes disposiciones: se situaron dos puestos, cada uno de treinta hombres, en la falda sur, hacia el frente y sudeste; se desplegaron cuarenta tiradores en la cumbre al lado del este; quedó de reserva el resto de la gente armada, y la desarmada se distribuyó en las partes hondas del terreno para que se librara de los fuegos en lo posible y ocurriese a reponer las bajas de los combatientes.

Los que no conocen la guerra creen que precaver los peligros es indicio de miedo, y sin duda por esto los generales insurgentes, para no demostrarlo ni ofender el valor de los soldados, no les ordenaron cavar zanjas para tiradores, si bien hay que advertir que no habían tenido cuidado de proveerse de una barra, ni una piqueta, ni una pala con que cavarlas; ni les ordenaron suplir las trincheras con parapetos de piedras, pues bastaban los árboles gruesos.

Algunos soldados, obedeciendo al instinto, y a riesgo de pasar por cobardes, juntaron piedras en pequeños montones para tirar arrodillados detrás de ellos. En la cumbre no había árboles ni piedras, y los que pelearan allí tendrían que acostarse en la tierra para resguardarse.

Pasó la tarde, entró la noche, y el enemigo no apareció. Se había tenido noticia de que había pernoctado en el pueblo del Paraíso; se supuso que en la mañana habría salido para Danlí; pero no se tenía de ello seguridad: no se acostumbraba el servicio de exploración. Necesitábase aguardar más tiempo, y se resolvieron los insurgentes a vivaquear con el arma al brazo.

De Danlí salieron los jefes en la creencia de que ese día se empeñaría el combate, y como no había ningún servicio de provisiones ni se disponía de las raciones de reserva que siempre el soldado debe llevar consigo, por lo menos para dos días, no se le dio importancia a este asunto; y en cuanto a llevar agua, no tenían en que, no cargaban los soldados cantimploras. Vivaquearon, pues, los insurgentes, sin comer ni beber, pero tranquilos, confiados en que eran buenas todas las disposiciones de sus jefes.

No llovió esa noche de invierno y se presentó radiante la aurora del 27 de julio. Los insurgentes dirigieron la vista al sur y descubrieron a lo lejos en el valle unos puntos blancos. Eran tiendas de campaña del enemigo: había acampado al anochecer en "El Pescadero", a diez kilómetros de distancia. Los insurgentes no lo supieron. Ni el enemigo supo que ellos estaban en La Minita, porque el servicio de seguridad y de exploración les era absolutamente desconocido a ambos ejércitos.

Cuando ya doraba el sol las cimas de los cerros las tiendas desaparecieron, y como a las ocho se presentó el enemigo a la vista. Marchaba en columna por hileras, en dos fracciones separadas por algunos kilómetros. Se destacaba a vanguardia como a ochenta metros una especie de sostén, compuesto de unos cincuenta hombres de infantería, y delante de estos, a corta distancia, unos seis jinetes desplegados en guerrilla.

El estado mayor venía a retaguardia. Los generales Vicente Williams, Antonio López y Ramón Zelaya Vijil mandaban tres cuerpos, y el consejo de los tres generales formaba el comando. En el pueblo del Paraíso recibieron estos orden superior de aguardar al general Vásquez, nombrado general en jefe, para que se empeñara el combate. No obedecieron. Vásquez llegó a Danlí el día siguiente.

El ejército del gobierno se componía al salir del departamento de Choluteca de mil seiscientos hombres; pero se habían desertado en las marchas más de trescientos, y quedaban como mil doscientos cincuenta. La numerosa columna enemiga hizo palpitar oprimidos los corazones de los patriotas. Eran ellos trescientos, pero solo ciento cuarenta y ocho tenían armas, equipados por término medio a cuarenta cartuchos, sin ninguna reserva. Pelearían, pues, uno contra nueve y teniendo estos la dotación completa y reserva de cartuchos. Mas no trae el enemigo artillería y eso consuela a los insurgentes, aunque ellos tampoco la tienen; para compensar el número cuentan con su heroísmo y con que se hallan en la altura, que es una ventaja.

Marchaba el enemigo sin la menor precaución, confiado en que los insurgentes se hallaban en Danlí, y habría recibido inesperadamente las descargas, como se proponía el general Reina; mas una corneta de los insurgentes, infringiendo las órdenes comunicadas, tocó atención antes que el enemigo estuviese a tiro de fusil. Oyó, maquinalmente hizo alto el primer cuerpo y fijó las miradas en el cerro de La Minita.

Fue aquel un momento de agitación en los que llegaban, de ansiedad en los que esperaban. En el campo enemigo corrían los jinetes de aquí para allá, de allá para acá, y la infantería formaba remolinos como queriendo retroceder. Se calmó la columna poco a poco y quedó algún tiempo inmóvil. De pronto el primer cuerpo se divide en dos fracciones: la una compuesta de doscientos hombres, avanzó hacia el frente, se desplegó en tiradores y atacó las dos posiciones de la falda sur del cerro; la otra, de ciento cincuenta hombres, avanzó por su flanco izquierdo como para ejecutar un envolvimiento.

El capitán Juan Hernández, comandante de la reserva insurgente, compuesta de valientes texiguats, comprendió que la última fracción podía rodear el cerro, y antes de recibir orden, animado por algunos otros oficiales, que comprendían el peligro, abandonó su posición de reserva en el centro, y con verdadero acierto fue a situarse en el collado del noroeste, antes de que llegara allí el enemigo. Lo recibió con un fuego vivo, y los jefes de esa fracción, ignorantes de lo que debían hacer, desanimados por la dificultad de quitar el collado ascendiendo a pecho descubierto, se replegaron al cerro próximo desde donde continuaron los fuegos.

Contrista el alma ver como los generales hondureños dirigen los ejércitos y disponen los combates. Brilla en muchos de ellos el valor; pero desconocen en lo absoluto la ciencia militar, ciencia importantísima, como que sirve para defender a los estados, y muy difícil, pues prácticamente nunca se llega a conocer lo bastante. Sin embargo, se cree comúnmente que cualquiera que tiene el grado de general puede dirigir un ejército. Grave error. Los gobernantes nombran generales, pero no tratan de formarlos. Dan los grados militares a sus favoritos, por más ignorantes que sean, o a los que quieren recompensar por cualquier servicio personal, y cuando se encarga el ejército a un ignorante de esos, lo conduce inevitablemente a la derrota. Vence el que tiene más tropa, si está protegido por la suerte, o el que tiene más cartuchos.

Tal sucedió en La Minita.

Los generales insurgentes llevaron allí su columna forjándose la ilusión de que iban a preparar una emboscada, y creyeron que con solo situarse en una altura difícil de ascender estaba todo conseguido. La emboscada no es de la gran guerra sino especialidad de la guerra de montaña, donde los pequeños destacamentos pueden sacar buen provecho. Mas para que este se obtenga se requiere posibilidad de producir efecto serio; dificultad para que el enemigo se despliegue, y facilidad para la retirada si aquel amenaza envolver la posición. Por lo mismo, escogiendo los insurgentes una altura aislada en la llanura, visible de lejos, fácil de ser rodeada, cometían la más grande de las faltas.

Aunque el enemigo hubiese sido sorprendido, habría podido desplegarse y ellos no habrían podido rehusar el combate; y pelear en la posición y en las condiciones en que estaba sin más que ciento cuarenta y ocho fusiles, dotados a cuarenta tiros, por término medio, sin cavar una zanja para tiradores, oponiendo el pecho a los numerosos proyectiles de un enemigo nueve veces mayor, era aceptar de antemano la catástrofe. Aunque estuviesen en la altura, esta solo es ventajosa al principio del combate por la superioridad de los fuegos; después sirve para aprovechar la ocasión de descender en contraataque. Si no se trata de descender, si la defensa permanece pasiva, si la altura se ha buscado como amparo y no como apoyo, la ventaja del principio se vuelve, al fin, desventaja; porque si el que ataca logra ascender, el que está arriba pierde la moral y se entrega prisionero o se despeña en la huida.

En cuanto a los generales del gobierno, se concretaron, sin ningún plan, a atacar de frente las posiciones del cerro; y lanzaban las compañías a tomarlas al asalto.

Empezó el combate por el noroeste, vacilante como se ha dicho, por el frente sur, con verdadera furia. Los soldados gobiernistas embestían y trataban de ascender; pero los soldados insurgentes se defendían con heroísmo, y sacando esfuerzos de su misma desesperación, los rechazaban hasta a pedradas.

Luego comenzaron las bajas de los patriotas. El teniente José Miguel Mendoza, joven muy apreciable, muere el primero, atravesada la cabeza; y le siguen otros jefes, oficiales y soldados. Entre los heridos están de gravedad los generales Erasmo Velásquez y Vitalicio Láinez.

El general Velásquez murió antes de veinticuatro horas; el general Láinez, después de varios días en "El Jícaro", pueblo de Nicaragua.

Muchos que no tienen armas se apresuran a bajar del cerro con el pretexto de sacar a los heridos, y se van con ellos algunos de los armados. Esto empieza a debilitar la defensa. Sin embargo, los que quedan son terribles. Arrodillados detrás de los árboles y las piedras o tendidos en la tierra, disparan con eficacia. De las fuerzas del gobierno sale herido el general Vicente Williams; mueren el general Serrano, el coronel Máximo Guillén y muchos oficiales y soldados: entre muertos y heridos más de doscientos.

Peleaban los dos ejércitos con encarnizamiento: los soldados del gobierno por la disciplina, los insurgentes por entusiasmo. Como a las cuatro de la tarde empezaron a debilitarse los fuegos. El comando enemigo solo cuidó de enviar refuerzos para el asalto. Pasó todo el día reponiendo los huecos que dejaban en las filas los muertos y heridos y las deserciones, hasta que no tuvo tropas que enviar, y entonces se suspendió el empuje. Si en esos momentos los insurgentes hubieran tomado la ofensiva habrían vencido, por más que fueran muy pocos: la victoria no se obtiene por la cantidad sino por la calidad.

Pero no pudieron tomarla, y sin buena organización ni dirección, abandonados a su espontaneidad, privados ya de sus jefes, faltos de cartuchos, temiendo que el enemigo volviera a la carga y que no se pudiera resistir, creyeron prudente retirarse para Danlí, y lo verificaron como a las seis de la tarde.

Las buenas gentes de Danlí corrían a encontrar a los patriotas con algunos alimentos y con agua, sabiendo que no habían comido ni bebido desde el día anterior; y cuando estos calmaron un poco la necesidad, siguieron para Nicaragua. Iban tristes porque comprendían la inutilidad de sus esfuerzos. Su mayor preocupación era que tenían que entregar sus armas a las autoridades nicaragüenses, armas que deseaban conservar para volver al combate cuando se hubiesen repuesto de las fatigas y hubiesen adquirido nuevos cartuchos.

Hasta que rayó la luz del nuevo día supieron los jefes gobiernistas que los insurgentes habían abandonado sus posiciones. Rebosando de alegría mandaron a explorar el campo; y era tanta su impotencia que no pudieron ordenar, sino hasta muy tarde, una aparente persecución contra los que se alejaban. Sin embargo, en el parte que dieron al gobierno, se jactaban de un triunfo espléndido, con el acuchillamiento o degüello de casi la totalidad de sus contrarios, especialmente de los jefes. Por dicha, eso existió solo en su imaginación calenturienta; mas el gobierno hizo gran ostentación, como hecho meritorio, y ordenó que se celebrara en todo el país del modo más solemne.

CAPÍTULO XVIII: QUIEBRA BOTIJA

Mientras los insurgentes del sur luchaban con esfuerzos heroicos, aunque estériles, el coronel Leonardo Nuila, en el norte, perdía el tiempo de la manera más lamentable. Después de tomar a Trujillo organizó el servicio político y administrativo, como lo había hecho en La Ceiba, y se dirigió al interior del país con una columna de más de quinientos hombres bien equipados. Se proponía ir a Yoro para tener ese departamento en favor de la revolución y comunicarse desde allí con los amigos de los departamentos del sur; pero caminó lentamente, más lentamente de lo que era inevitable por lo malo de los caminos, y no logró ninguna comunicación.

Cuatro días tardó para llegar a Sonaguera. Descansó allí un día, se retrasó otros cuatro para llegar a Olanchito, descansó dos o tres y llegó a Jocón a los quince días de haber salido de Trujillo, cuando pudo haberlo hecho en la mitad del tiempo sin detenerse, aunque caminara solo veinticinco kilómetros diarios. En Jocón se componía ya su columna de setecientos hombres, todos animados del mayor entusiasmo. Continuó la marcha para la ciudad de Yoro, a donde creía llegar en dos días; mas en la siguiente jornada, recibió informe de que Yoro estaba ocupado por tropas numerosas del gobierno, enviadas de la capital, y que saldrían luego a encontrarlo. Creyó que esto era cierto, y determinó establecerse en la altura de Quiebra Botija, punto de gran importancia táctica, para esperar al enemigo.

El informe que recibía el coronel Nuila de que el enemigo saldría a encontrarlo era falso. El gobierno levantaba el ejército con gran dificultad y solo había podido enviar a Yoro a cuatrocientos hombres, no para que atacaran a los insurgentes a campo raso, sino para que se fortificaran en aquella plaza y la defendieran obstinadamente mientras llegaban refuerzos. Pero Nuila no era militar y no podía recibir las noticias con serenidad, juzgarlas con prudencia y resolver con acierto.

Tenía el grado de coronel que por cariño le había dado Bográn, como le dio el nombramiento de jefe del distrito de La Ceiba: mas una cosa es tener un grado de coronel o de general y otra serlo de verdad. El gobierno puede conceder despachos; pero no tiene la virtud de hacer, con una firma, militares, que estos solo se forman con el estudio meditado de la ciencia y la buena práctica de la guerra. Nuila no tenía ni estudios ni práctica y, por lo mismo, cuando tuvo un ejército a sus órdenes y se le acercó el peligro no supo que hacer. Era Nuila inteligente, anhelaba la gloria, no carecía de valor, pero no siendo experto lo único que se le ocurrió al informarle que llegaba el peligro fue aguardarlo.

Esa resolución traería la ruina de su ejército inevitablemente.

Las tropas revolucionarias deben estar siempre en actividad, así el fuego del entusiasmo se purifica; pero si se les mantiene inactivas, poniéndolas a la defensiva, se pervierte su moral. Salir al encuentro de la muerte es alegre impulso para aquellos a quienes guía únicamente el entusiasmo; esperarla con firmeza solo es para la disciplina de las tropas regulares. Por lo mismo cometía Nuila la más grave de las faltas permaneciendo en Quiebra Botija. Esperó allí al enemigo; mas pasaban días y más días y el enemigo no llegaba.

El gobierno se había mantenido inquieto y temeroso por reunir al ejército con grandes dificultades. Con la inacción del jefe insurgente respiró, porque le daba todo lo que podía desear: tiempo para organizarse, medios para convertir la defensa en ofensa y lugar para vencer a los insurgentes del sur. Cuando habían transcurrido ocho días desde que Nuila llegó a Quiebra Botija, un mes desde que se levantó en La Ceiba, el gobierno había podido organizar cuatro mil hombres, imprimirles alguna disciplina y proveerse de recursos. Tenía pues, como atender a todos los peligros, y la victoria no estaba ya dudosa de su parte.

En cambio, el ejército de Nuila decrecía. Calmado el entusiasmo no recibieron las tropas con paciencia las molestias, privaciones, enfermedades, y se presentaron las deserciones. A los ocho días de esperar un peligro imaginario, los setecientos hombres se habían reducido a trescientos. Y no solo decrecían en cantidad sino en calidad. Ardía la tropa en deseos de combatir cuando salió de Trujillo; si entonces hace Nuila una marcha rápida para Tegucigalpa y acomete con decisión a las pocas tropas del gobierno que encontrara, seguramente las derrota, y habría conseguido tener comunicación con los patriotas que marchaban a Danlí, con lo cual podría haber cambiado la suerte de la campaña, poniendo en grave peligro al gobierno, que estaba en Comayagua sin unidad, desalentado y vacilante.

Mas en la mala situación a que habían descendido los soldados de Nuila veían agrandarse los peligros cada nuevo día y solo tenían ya deseos de regresar a la costa de donde en mala hora habían salido.

Cuando tuvo el coronel Nuila solo trescientos hombres, todos desanimados, le llegó la noticia de que en el sur habían sido deshechos y acuchillados los insurgentes. Entró el pánico y abandonaron Quiebra Botija con el propósito de regresar a La Ceiba, en la creencia de que todavía estaba de parte de la revolución.

Al llegar a Olanchito se encontró Nuila con el general Manuel Bonilla, que venía de La Ceiba con cinco compañeros huyendo de un grave riesgo. Comunicáronse lo que les había sucedido.

¿Qué había ocurrido al general Bonilla? Salió este de la ciudad de Guatemala el 8 de julio, llamado por Nuila y con instrucciones del Dr. Policarpo Bonilla para que dirigiera el movimiento revolucionario en todo el país, organizara los ejércitos, la hacienda pública, y proveyera los empleos civiles y militares, mientras él se incorporaba a la revolución. * Por graves obstáculos que no pudo vencer, para embarcarse pronto perdió nueve días en la costa guatemalteca, y llegó a La Ceiba casi a fines del mes. Supo que el ejército de Nuila permanecía inactivo en Quiebra Botija, y que entre tanto el gobierno había tenido tiempo de recuperar Trujillo, utilizando un vapor mercante frutero que el comandante de Roatán, el general Salomón Ordóñez, armó en guerra. Convenía al general Bonilla dirigirse inmediatamente a Quiebra Botija para reunirse con Nuila, pero antes de salir trato de dejar el puerto en estado de defensa, en previsión de que ocurrieran a recuperarlo fuerzas de Trujillo.

---

* He aquí las instrucciones: "Considero a Ud. Identificado con mis propósitos y penetrado de la sana doctrina que el partido liberal sustenta; y por lo mismo, ya que por ahora no puedo en interés de nuestra causa, constituiré en el teatro de la guerra, he resuelto enviar a Ud. Allá con mis plenos poderes para dirigir el movimiento en todo el país, impidiendo que la revolución se desvíe del fin que debe seguir.

Hará Ud. la conveniente organización del ejército, de acuerdo con el iniciador de la revolución del norte, el valiente coronel Nuila; y procurará también la debida organización de la hacienda pública y la provisión de todos los empleos civiles y militares (dejando en pleno ejercicio de sus funciones a las autoridades judiciales para todos los asuntos en que no se afecten las operaciones de la guerra) en todos los lugares que la revolución domine.

Su correligionario y amigo, P. Bonilla"

La guarnición que dejó Nuila en La Ceiba se componía de veinticinco hombres a cargo del Dr. Francisco Grave de Peralta, nombrado comandante del distrito. Buscó el general Bonilla más gente y apenas consiguió quince hombres, pues todos estaban desalentados y abandonaban la causa de la revolución.

Con cuarenta hombres no se podía defender La Ceiba, había que desocuparla. La situación de Nuila era grave y se necesitaba con urgencia que el general Bonilla se le incorporara para que reanimara al ejército y lo condujera al combate. Iba ya a salir cuando se le dio parte de que llegaban fuerzas del gobierno al mando del general Ordóñez. Hombre de valor el general Bonilla no quiso ya retirarse, y se aprestó a defender el puerto con la poca gente que tenía, para salvar su honor militar.

Atacaron quinientos hombres, y con cuarenta apenas pudo sostenerse dos horas, retirándose para Olanchito con unos pocos que lo siguieron. El Dr. Peralta, de setenta y dos años, por su mucha edad y por haber caído prisionero un hijo suyo, no huyó y fue capturado en unión de los señores Juan Rosa Cárcamo, Eduardo Alvarado*, heridos en el combate, y once más. Pocas horas después fueron fusilados de orden del general Ordóñez, sin ninguna forma de juicio: murieron con valor y resignación admirables, victoreando al partido liberal.

La situación del general Bonilla era triste, por su derrota al llegar a Olanchito; mas era peor la de Nuila por no haber combatido. La tropa con que éste salió de Quiebra Botija disminuyó en las marchas por la deserción, y en Olanchito solo tenía un poco más de cien hombres sin otro anhelo ya que el de salvarse. Si el general Bonilla hubiese podido llegar a Quiebra Botija cuando todavía existían los trescientos hombres, algo habría intentado para remediar las pérdidas sufridas; pero con ciento acobardados y fatigados justamente, nada de provecho era posible hacer.

El gobierno había logrado reunir en Yoro y Juticalpa dos fuertes columnas de ejército, y marchaban a las órdenes del general Domingo Vásquez en persecución de Nuila. Cuando esas tropas estaban ya cerca de Olanchito, los soldados insurgentes sintieron terror, pánico, ninguno pensó más que en huir, y por la indisciplina, que es consecuencia de toda mala organización, se dispersaron sin que

---

* Primo hermano de don Carlos F. Alvarado, ministro de la guerra.

pudiese el general Bonilla contenerlos. Este, acompañado de unos pocos que le eran adictos, se dirigió al departamento de Olancho, proponiéndose atravesarlo de montaña en montaña hasta llegar a Nicaragua. El coronel Nuila creyó que más fácilmente podría salvarse internándose en la Mosquitia desolada, y se metió en los más espesos bosques y abruptas montañas. Ninguno de los dos había de conseguir escapar. Perseguidos en todas direcciones fue capturado el general Bonilla en Guacoca, remitido a Juticalpa y de allí a la penitenciaría central. El coronel Nuila, cazado como a fiera en las montañas, fue agarrado cerca de la costa en la situación más lamentable: extenuado por las fatigas, cadavérico por los insomnios y el hambre, y en andrajos. Se le llevó a Trujillo para juzgarlo y se formó un consejo de guerra. Triste resultado de un levantamiento efectuado sin reflexión y dirigido sin la pericia que se requiere para conducir bien los ejércitos.

CAPÍTULO XIX: EL CARRIZAL

La revolución hondureña despertaba grandes simpatías en los otros estados de Centroamérica.

La causa de la libertad es solidaria a todos los pueblos. El pueblo que se levanta contra la tiranía se atrae el aplauso de todos los demás y con mayor razón el de los que tienen una misma sangre, una misma historia y padecen las mismas penas.

Los emigrados se movían con actividad buscando pertrechos para la revolución. En Nicaragua encontraban algunos entre los particulares, y arrastrados por el más vivo entusiasmo procuraban ir a incorporarse con ellos en las filas de los combatientes. Los que se hallaban en los otros estados se trasladaban a Nicaragua y se dirigían al departamento de Nueva Segovia, desde donde les era fácil entrar a Honduras; pero se veían obligados a hacer el viaje con precauciones, porque si bien los particulares les ayudaban, las autoridades les ponían obstáculos proponiéndose cumplir los deberes de la neutralidad. No obstante esas precauciones, muchos revolucionarios fueron detenidos en su marcha a la frontera hondureña, entre ellos el general Dionisio Gutiérrez y los coroneles Miguel Oquelí Bustillo y Enrique Lozano. Estos, valiéndose de personas de influencia en el gobierno consiguieron que se les pusiera en libertad, y caminando más ocultos llegaron a la frontera. Por los tropiezos y la larga distancia no pudieron llegar sino hasta a principios de agosto y recibieron la noticia desconsoladora de que la revolución estaba ya vencida; derrotada la columna insurgente del sur en los alrededores de Danlí, y dispersa la del norte sin combatir. Apesarados en extremo resolvieron regresar a León porque comprendían que nada era posible hacerse ya en favor de su causa, y cuando estaban para efectuarlo se encontraron con el general Terencio Sierra, que llegaba acompañado de unos pocos a incorporarse también a los que combatían.

El general Sierra había adquirido fama de buen militar por la locura de invadir el departamento de Choluteca en noviembre del año anterior. No había hecho más que entrar al territorio y huir por las montañas cuando se le persiguió; pero como inquietaba a un gobierno desprestigiado se le aplaudía, y la imaginación popular, fácil de entusiasmarse, lo elevaba a la categoría de los héroes y tácticos expertos. Se decía que con sus veinte hombres había sostenido combates titánicos, sin concretar ninguno, y que si no había podido vencer, por su estrategia había podido librarse de graves riesgos. Esta fama llegó a oídos del propio Sierra y lo animó; la guerra le presentaba campo para aumentarla, y sin vacilar se trasladó del Salvador a Nicaragua y se fue a la frontera para incorporarse a los combatientes, resignado a servir bajo las órdenes del general Reina. Los liberales que encontró le comunicaron las noticias que habían recibido. Debió haberse regresado con ellos a Managua, pues era antipatriótico proseguir la lucha con unos pocos hombres, estando ya el gobierno fuerte, vencedor por todas partes y con ejércitos numerosos. Mas a Sierra no le importaba la patria, no iba a luchar en favor de las ideas progresivas, la justicia, la libertad, el derecho, sino para satisfacer su ambición. El fracaso de Reina, en vez de retraerlo, lo impulsaba a continuar la guerra. No tendría que obedecer a nadie, podría correr otra aventura por su propia cuenta; y alegre acampó en las alturas del Carrizal, diciendo a los inexpertos liberales que, glorioso como era morir por los derechos del pueblo, se debía insistir en la lucha contra un gobierno que había falseado la libertad del voto y perseguido al partido liberal. Seducidos Gutiérrez y sus compañeros con ese lenguaje, mandaron avisos a diferentes lugares para que llegasen a reunírseles otros liberales; y luego aumentó a cuarenta hombres armados el número de los que rodearon al general Sierra.

La dispersión completa de los insurgentes del norte y la derrota de los del sur en La Minita, habían hecho creer al gobierno que estaba concluida la guerra, y cuando le llegó el parte de la invasión de Sierra, se sorprendió; pero no se acobardó porque tenía tropas suficientes que enfrentar a cualquier otro peligro. Las que habían quedado vencedoras en Danlí, de quinientos hombres a que se redujeron el día del combate, fueron aumentados con facilidad a más de mil por el prestigio que da siempre la victoria. Para hacer ostentación de fuerzas las habían pasado por algunas plazas, y aunque creían que ya no las necesitaban, todavía no las habían licenciado. Las tropas expedicionarias del norte regresaban a la capital; y a unas y a otras se les ordenó reconcentrarse en Choluteca.

Antes de verificarse la concentración recibió informes el gobierno de que los nuevos insurgentes no pasaban de treinta, mal armados. No los consideró de peligro y ordenó que fuese a combatirlos el general R. Antonio Tercero, que estaba en Güinope con doscientos cincuenta hombres. Llegó gel general Tercero al Carrizal el 18 de agosto, y halló al general Sierra en actitud de resistir en las colinas que forman lindero con Nicaragua. Utilizando este las fortificaciones que habían construido los patriotas de la capital cuando estuvieron allí acampados antes de irse para Danlí, tenía dispuesta la defensa en forma casi de un arco, cuya cuerda era la línea divisoria.

El general Tercero debió acometer la posición por los extremos del arco, apoyado en las mismas alturas; mas había recibido instrucciones de respetar en absoluto el territorio nicaragüense y, obedeciendo a esto, ordenó el ataque de frente, que comenzó a las 7 de la mañana. La defensa pudo hacerse de manera ventajosa porque los que atacaban ascendían en terreno descampado. Su impulso no fue vigoroso; decayó luego por el acierto de los tiros de los que resistían, casi todos jefes y oficiales, buenos tiradores, y se volvió indeciso a las pocas horas. Como a las cuatro de la tarde el capitán Miguel Nuila, con cinco soldados insurgentes, sorprendió a la reserva enemiga, que acobardándose se dispersó. El general Tercero mandó entonces la retirada de las tropas gobiernistas para San Marcos de Colón, dejando varios muertos y heridos. Los insurgentes solo tuvieron un herido.

Voló con rapidez la noticia del triunfo de los insurgentes, y la fama la atribuyó al general Sierra como una consecuencia de su habilidad guerrera. En esos días llegaban al Ocotal y a Somoto los derrotados de La Minita, se llenaron de regocijo creyendo que aquel triunfo desquitaba su pérdida, volvió a encenderse su entusiasmo y muchos corrieron a incorporarse a los vencedores. Luego tuvo el general Sierra a sus órdenes más de cien hombres; pero sucedió lo de antes, no todos tenían armas; apenas se reunieron unas ochenta porque no fue posible dejar de entregar a las autoridades nicaragüenses la mayor parte de las que se salvaron en La Minita.

Sin embargo del pequeño número, la nueva columna del Carrizal se consideraba fuerte, ardía en deseos de continuar las operaciones militares, y algunos de los jefes indicaron que era conveniente llamar al general Reina para que tomara el mando que le correspondía como segundo jefe del partido; pero los demás no lo aceptaron. La derrota había quitado a Reina el prestigio militar; en cambio, el triunfo aumentaba el de Sierra, y la generalidad, que no reflexiona, creía que él merecía el mando del ejército. Además, la ambición de este se había ensanchado, la vanidad lo cegaba, y no se avendría ya a seguir combatiendo a las órdenes de Reina, por lo cual si se le llamaba se corría el riesgo de que se produjera una escisión y se disolviera la columna. Por temor a esto se resignaron todos a aceptar al general Sierra como jefe, aunque no estaba comprometido a defender el programa del partido liberal.

CAPÍTULO XX: EL CORPUS

El general Sierra tuvo ligera sospecha de lo que se trataba, disimuló su contrariedad y resolvió dejar sin perder tiempo las fortificaciones del Carrizal, para que desapareciese del todo la influencia de Reina, que estaba en El Ocotal, a poca distancia. Le convenía mostrarse audaz para aumentar su fama y dispuso ir en persecución del general Tercero, que según noticias se había quedado en San Marcos de Colón.

Llegó la pequeña columna a ese pueblo, y no encontró allí al general Tercero, pues no se había detenido, y sabedor el general Sierra de que tampoco se había detenido en el pueblo del Corpus, se fue para aquel mineral, a donde llegó el 26 de agosto, el mismo día que era capturado en la Mosquitia el coronel Leonardo Nuila.

Se componía ya la columna insurgente de poco más de doscientos hombres, pero de estos solo estaban armados ochenta y ocho. El vecindario del Corpus no los recibió bien. El general Williams, comandante de armas del departamento, era nativo de ese pueblo, tenía en él muchos familiares y amigos, que eran, naturalmente, desafectos a la revolución. Pero la plaza se consideraba inexpugnable, y aún con el inconveniente del desprestigio, se encontraban suficientes provisiones para el mantenimiento de la tropa. Atendiendo a esto, determinó el general Sierra establecerse en ella, y procedió a construir fortificaciones creyendo que vencería allí a la defensiva como había vencido en el Carrizal.

El Corpus es un pequeño pueblo edificado en la falta de un cerro escabroso, donde cada pliegue del terreno es una muralla tras la cual puede defenderse bien la infantería. Sin embargo no es una plaza fuerte, como se le calificaba erradamente. Su campo es muy reducido, lleno de obstáculos y profundidades que no dan lugar a ninguna clase de maniobras, y con pocas salidas o caminos malos que pueden ser tomados por el enemigo. Además, altos cerros lo rodean y dominan, y en ellos puede emplazarse la artillería enemiga y funcionar sin ser molestada. Por lo mismo será plaza muy útil como punto de apoyo para movimientos estratégicos y ventajosa para una defensa pasiva en espera de refuerzos; pero si no se aguarda ningún auxilio es muy mala, y el que se encierra allí corre el riesgo de no salir ya más. Ocupadas por el enemigo las alturas que la circundan, cerrados los caminos, la tropa que está adentro tiene que rendirse o perecer bajo el fuego de la metralla.

Encerrándose el general Sierra en El Corpus procedía como todos los que no conocen el arte de la guerra, que creen que corresponde ineludiblemente al más débil la defensa. Y como entre nosotros el choque de dos ejércitos es el pleito de dos ciegos, donde el que acomete fracasa casi siempre cuando el otro está oculto detrás de murallas, lo que sucedió a las tropas de Tercero en el Carrizal, Sierra se afirma en aquella creencia y se da a fortificar El Corpus para aguardar al enemigo, seguro de que así estaría la victoria de su parte.

Al saberse en Choluteca la llegada de Sierra al Corpus, el general Williams intentó ir en el acto a atacarle con mil hombres; pero el descalabro de Tercero le quitó la preponderancia militar porque él había recomendado al gobierno, y este, temeroso de que Williams fuese también derrotado, le ordenó que esperara al general Domingo Vásquez, que volvía del norte, para que juntos atacaran. Vásquez no era mejor militar que Williams, pero gozaba de más reputación. Se la había dado su gran valor en diversos combates y una marcha rápida efectuada el año de 1875 de Amapala a San Miguel para sofocar un motín, y no estaba entonces contrariada.

En cambio Williams había peleado siempre como jefe secundario, y aunque acababa de combatir en La Minita formando parte del comando, el éxito dudoso había originado inculpaciones recíprocas entre los jefes, inculpaciones que a ninguno le dejaban gloria. Vásquez era, pues, considerado el mejor militar, y debía esperársele para que ejerciera el mando, aunque transcurrieran muchos días sin atacar a los insurgentes.

Entre tanto llegaba Vásquez, los patriotas se fastidiaban en la inacción, y se entristecían con el presentimiento de una catástrofe al comparar sus fuerzas con las del gobierno. En La Minita habían combatido uno contra nueve y se habían salvado por casualidad; ahora, según las noticias de la concentración de tropas en Choluteca, pelearían uno contra veintidós. ¿Qué sucedería? Un hecho acabó de conturbarlos. Sierra había recibido muchas felicitaciones por su triunfo del Carrizal y se le recordaban sus hazañas en el distrito de Goascorán. Le dijeron algunos que él merecía más que el Dr. Bonilla ser el presidente de la república; aumentó su ambición, abrigó la esperanza de que lo aceptaran los patriotas, e insinuó la idea al general Dionisio Gutiérrez, a los coroneles Miguel Oquelí Bustillo y Enrique Lozano y al mayor César Lagos, diciéndoles que se necesitaba un gobierno organizado para que tuviera fuerza la revolución. Estos, comprendiendo lo que Sierra se proponía, se indignaron y cerraron el camino a lo que habría sido una traición al jefe del partido liberal. Sierra se enojó, estalló profiriendo amenazas, y con un pretexto fútil quiso formar consejo de guerra a los coroneles Oquelí Bustillo y Lozano para separarlos del ejército. Esto hubiera sido la disolución de la columna y el descrédito. Lo comprendió al fin el general Sierra, se calmó y dio satisfacciones, desgraciadamente aceptadas debido al entusiasmo por la causa llamada libertadora. ¡Ceguera sublime, pero triste! ¿Qué se proponían los insurgentes con seguir a las órdenes de Sierra, desde que manifestaba su propósito? No les quedaba ni la satisfacción del sacrificio en favor de su partido, porque si se triunfaba, después podría Sierra proclamarse jefe de la revolución, teniendo la superioridad que da la aureola de la victoria.

Por dicha este triunfo era imposible; Vásquez se acercaba al Corpus con dos mil hombres.

Comprendió el general Sierra el inmenso peligro de resistir, se asustó de lo que iba a hacer y estuvo a punto de retirarse para el distrito de Texiguat. De pronto insistió en que era preciso quedarse y jugar en la defensa el todo por el todo. Arriesguémoslo todo debió decir en su pensamiento. Si, él arriesgaba todo, es decir, su vida, con tal de ver si podía llegar a suplantar al Dr. Bonilla y escalar la presidencia. Ese lema de aventurero es bueno para el que solo compromete su persona, bueno para los que sin conciencia se llevan la vida de los incautos que los siguen; pero no es bueno para los que defienden ideales, pues con su imprudencia se llevan la tranquilidad, la riqueza y el derecho de toda la sociedad.

CAPÍTULO XXI: COMBATE DEL CORPUS

El 5 de septiembre de 1892 los insurgentes recibieron aviso de que había llegado al pueblo de Yusguare el general Domingo Vásquez con un ejército de dos mil hombres. Se componía de las varias armas; era 2° jefe del general Vicente Williams; y los generales Antonio López, Alfonso Villela y Maximino Mondragón mandaban los diversos cuerpos.

Ese ejército era desmesurado para combatir a unos pocos hombres, ochenta y ocho mal armados; pero los insurgentes se habían hecho temibles por su heroica resistencia en La Minita y su victoria del Carrizal, y el gobierno, que tenía informes de que su número era de trescientos, la mitad con buenas armas y abundantes municiones, deseaba todavía que Vásquez esperase más tropas para atacarlos en mejores condiciones, y así no fuese dudoso el éxito del combate. El general Vásquez consideró suficiente la fuerza que tenía y expuso al gobierno su propósito de no perder más tiempo.

De Yusguare al Corpus hay veinte kilómetros, y el enemigo debía aproximarse en la tarde. El general Sierra habló con los diferentes habló con los diferentes jefes y les ordenó que ocuparan sus puestos en las líneas de defensa, establecidas así: al oeste, un largo reducto frente al camino de Choluteca, comandante el coronel Juan Benito Mendoza; al sur, la iglesia y casas de la plaza frente al camino Delvalle El Agua Fría, comandante el coronel Teodoro Valladares; al sureste, un reducto llamado El Guapinol, comandante el general Dionisio Gutiérrez; al este, otro reducto llamado El Púlpito frente al camino de Concepción de María, comandante el teniente Coronel Antonio Lara; al noreste, trinchera en el borde de un barranco frente al camino de San Marcos de Colón, comandante el coronel Calixto Carías; y al norte, una gran hondonada por donde corre un riachuelo. En la torre de la iglesia se pusieron como tiradores al coronel Plutarco Bowen y al mayor César Lagos, que alternaron con otros dos oficiales.

Cerca de las seis de la tarde el enemigo apareció a lejana distancia y comenzó su despliegue ocultándose en los respaldos de los cerros para tomar las alturas. Cayó el crepúsculo y la noche pasó en completo silencio. Hasta muy alto el sol del nuevo día se descubrieron dos líneas de tiradores, la primera en la parte baja de los cerros y la segunda en las cimas formando un doble semicírculo, desde el camino de Choluteca hasta el de Concepción de María, y a mayor distancia dos piezas de artillería colocadas una en el portillo de la trinchera, al poniente y otra en el cerro de la Cruz, al sur.

Como a la hora meridiana abrió sus fuegos la artillería arrojando muchas granadas sobre las posiciones más visibles, principalmente sobre la iglesia. Causó algunas bajas dentro de la nave, y un casco de metralla estuvo a punto de herir al general Sierra, que allí estaba acostado en una hamaca. A causa del gran susto montó en cólera, y suponiendo que le general Williams dirigía más grandas a la iglesia, porque, indudablemente, alguno de sus familiares le había comunicado que allí se encontraba él, dijo que si averiguara cuál de ellos había sido, lo fusilaría en el acto; pero como eso era difícil haría escarmiento en el que a Williams le sería más doloroso; y ¡horror! Manda que una escolta capture a la madre de Williams, anciana venerable, y la conduzca a la iglesia a que participe del peligro. Y permanece, ya arrinconada en uno de los ángulos del templo, ya de rodillas ante el altar derramando lágrimas e implorando tal vez hasta por su mismo verdugo.

Ese acto salvaje escandalizó no solo a los jefes sino al último de los soldados. Casi todos habían formado a las órdenes del general Reina, en la columna disuelta en Danlí y no vieron cometer monstruosidades. Se respetaba a las personas y los intereses de los enemigos, que son quienes más lo necesitan, y de ese modo se sostenía el entusiasmo por la causa libertadora y aumentaban las simpatías.

El general Sierra se porta de manera distinta, comete atropellos que a todos repugnan, pero el de la anciana madre de Williams colma la medida, ¡Y dice que defiende la libertad! Y están voluntariamente a sus órdenes los que predican contra el despotismo. Debieran alejarse de él los honrados; mas no puede hacerlo ninguno en aquellos terribles instantes; el peligro común los retiene; llueve la metralla y el plomo sobre todas las cabezas; nadie puede separarse de su puesto ni para ir a interceder por la noble víctima, y aunque fuera no sería atendido por el que tiene educación despótica y la sed de la venganza. Hay que dominar la indignación y proseguir combatiendo.

Pasó el día sin que hubiese alcanzado el enemigo ventajas manifiestas. Calmaron los fuegos: solo tronaba el cañón lúgubremente a grandes intervalos, como para que no se olvidara su presencia. Llegó la nueva luz, las líneas estaban a menor distancia y los insurgentes creyeron que empezaría la carga. No sucedió así, solo los cañones aumentaron los disparos, que volvieron a calmar en la noche. Al amanecer del 8 las líneas estaban más cerca, y no tardó la primera en abrir un fuego rápido que no se interrumpía sino en breves momentos. Los insurgentes se defendían con desesperación; no se dejaban ver hasta que el enemigo trataba de avanzar; entonces hacían descargas mortíferas y tornaban a ocultarse. Los que morían eran repuestos por los desarmados que estaban de reserva, y no decaía la defensa.

El reducto del Guapinol a cargo del general Dionisio y del capitán mayor Policarpo Irías, era el más atacado, y había allí más heroísmo. Los que acometían trataban de avanzar a descubierto; pero se veían obligados a retroceder por las descargas certeras. En uno de esos amagos de asalto, los defensores del Guapinol sufrieron momentos de angustiosos apuros. Estaban para agotárseles los cartuchos; pedían repuesto y no les llegaba. Era que se habían concluido los de reserva y se necesitaba fabricarlos utilizando las cápsulas vacías.

En la iglesia estaban muchos empeñados en su fabricación y a duras penas alcanzaban a abastecer las líneas. En el Guapinol se agotaban con mayor rapidez, sus exigencias eran más repetidas y llegó el momento en que no se le pudo satisfacer porque la pólvora se había acabado. Decayó la defensa y al entrar obscura la noche el enemigo emprendió el asalto del Guapinol. Fueron aquellos horribles instantes.

Los combatientes se veían a la luz de los fogonazos a quema ropa, y en esa situación tan crítica tenía que ceder el menor número. Como a las nueve el enemigo saltó el reducto; huyen sus defensores, quedan muertos Policarpo Irías, Federico Lozano y muchos más, y el general Gutiérrez se salva rodando por un barranco.

Corrió en las otras líneas la voz de que el Guapinol había sido tomado y sobrevino la consternación. Quince horas, desde las seis de la mañana hasta las nueve de la noche, había llovido fuego sobre los insurgentes; pero mayor resistencia era humanamente imposible, y se emprendió la retirada por el camino de San Marcos de Colón, Que, cosa admirable, había dejado descubierto el enemigo.

El general Sierra salió a la vanguardia en buena bestia, y los demás jefes tuvieron que seguirlo a pie, porque tres días antes del combate había ordenado aquel que se llevasen a un potrero todas las bestias, excepto la suya, las de sus ayudantes y las de sus íntimos amigos. Formaron la retaguardia, el general Dionisio Gutiérrez, los coroneles Miguel Oquelí Bustillo y Enrique Lozano, el mayor César Lagos, los capitanes Jesús Zúñiga, Manuel de Jesús Carrasco y Antonio Ramón Lagos, y unos pocos soldados, todos a pie.

La noche está muy obscura, cae abundante lluvia, el cielo truena; y esto, aunque los molesta, favorece a los insurgentes. No pueden andar de prisa, van atollándose y deslizándose en el lodo; pero no se les ha visto retirarse, no se oye el ruido de sus pasos y no se les persigue. El enemigo ha tomado el Guapinol y satisfecho con situarse allí no se apresura a seguir avanzando en las tinieblas, por miedo a que se le forme una emboscada.

Hasta que la luz del nuevo día alumbra la plaza, ve que está sola; los insurgentes se habían ido, dejándole por única presa el campo de batalla. Se precipita a tomarlo y se reproducen las mismas escenas atroces que han manchado las guerras civiles precedentes. La embriaguez del combate y el despecho de no poder hacer prisioneros ahoga en la soldadesca la voz de la naturaleza. Un joven García Ledesma, de diez y siete años, casi un niño, hermoso, robusto, simpático, no ha podido irse porque está baldado de una pierna y no se le dio en que montar. Cree salvarse entregándose, y lo matan sin piedad a bayonetazos. Da horro la soldadesca salvaje sedienta de sangre. Su semblante feroz se asemeja a la siniestra expresión del rostro de los muertos, ¡Que horrible y tétrica es la guerra civil!

Vásquez no recoge por trofeos sino cadáveres; todos los demás insurgentes se salvan traspasando la frontera de Nicaragua. [*]

Ante el resultado de esa acción de armas, el ánimo perplejo no sabe que deducir. Se ve de una parte a un general que presumiendo de militar encierra en una plaza a unos pocos hombres, los pone tras de murallas para que combatan, no les da de comer ni de beber en tres días porque no ha provisto al mantenimiento de la tropa, no cura a los heridos porque no ha supuesto la necesidad de la ambulancia, y los encierra de tal modo que les quita las bestias para ni en momentos de apuros puedan retirarse.

Se ve de la otra parte otro general que acomete con numeroso ejército y tarda tres días para vencer; que quiere anonadar al enemigo y, sin embargo, lo deja escapar. Indudablemente el general Sierra ignora la táctica. Pero Vásquez, a quien se tiene por militar experto, ¿por qué ha necesitado tres días para batir con dos mil hombres a ochenta y ocho y no los ha hecho prisioneros? Algunos suponen que no quiso encerrarlos y dejó que se salvaran porque ambicionaba el

---

[*] Véase la nota C.

poder y le convenía que la guerra continuase en el país, y hasta se afirma que él así lo ha declarado: en tal caso sería un traidor a su gobierno. Debe creerse que como Sierra no conoce el arte de la guerra, y por la rutina ataca solo por el frente. De ese modo invierte muchos días para obtener un triunfo estéril, mientras que un militar experto lo habría conseguido en poco tiempo con menos pérdidas en su ejército y con éxito completo. En campañas posteriores ha cometido el general Vásquez otras muchas graves faltas militares que justifican esta creencia.

Ahora bien, pudiera suceder que, en verdad, intencionalmente haya dejado libre la salida; pero si así fue, no lo hizo para que se salvaran los patriotas, sino porque comúnmente se cree que si se estrecha demasiado al enemigo s ele obliga al heroísmo en la desesperación de salvarse y se vuelve peligroso. Para evitar ese peligro aplica, sin duda, la máxima de Escipión: "A enemigo que huye, puente de plata". No huyen todavía los patriotas pero desea que lo hagan, y les pone el puente desde luego. Esto también es una falta, pues aquella máxima solo debe aplicarse cuando el que se defiende es casi tan fuerte como el ofensor.

El triunfo del general Vásquez fue infructuoso para el gobierno porque los insurgentes volverían con mayores energías. Sin embargo, los cortesanos creyeron que se había alcanzado una espléndida victoria, y la celebraron con manifestaciones de gran regocijo.

CAPÍTULO XXII: ATROPELLO A NICARAGUA

El general Vásquez entró a la plaza del Corpus con su estado mayor y las tropas de reserva, como a las diez de la mañana, y supo con grandísimo pesar que los insurgentes se habían retirado a las diez de la noche, desorganizados y sin municiones para combatir. Habría podido capturarlos a todos; y herido en su orgullo por no haberlo hecho, ordenó que dos columnas los persiguieran con actividad, una directamente por el camino de San Marcos y la otra debía variar a la derecha por el camino que conduce a San Pedro, pueblo de Nicaragua.

Si esas columnas hubiesen salido y ejecutaran una marcha forzada con seguridad habrían alcanzado a los insurgentes de la retaguardia, que sin hábito de caminar a pie, y débiles a causa de no comer ni dormir tres días, andaban muy despacio; por el camino de San Pedro llegaron a la frontera a las siete de la noche, invirtiendo veintiuna horas para caminar ocho leguas. Pero las tropas del gobierno, dirigidas por jefes que tampoco sabían de administración militar, habían permanecido el mismo tiempo sin comer ni dormir. Mortificadas por el hambre y el sueño buscaban alimento o descanso, y recibieron con disgusto la orden de marchar. Comprendió el general Vásquez que si las obligaba a salir las enojaría en extremo; deseaba conquistarse simpatías y dio contra orden de persecución, cambiándola por otra de marchar todo el ejército el siguiente día. Gracias a esto se salvaron todos los insurgentes, asilándose en Nicaragua. [*]

El 10 de septiembre salió el general Vásquez del Corpus para San Marcos de Colón con todo su ejército. Llegó el 11 a ese pueblo y recibió allí informes de que en el lugar denominado La Cruz, territorio nicaragüense, estaban unos insurgentes, entre ellos algunos de los que acababan de ser derrotados en el Corpus, y que en los Calpules, cerca del Carrizal, se estaba reuniendo otra columna de insurgentes a las órdenes del general Reina, con intenciones de invadir nuevamente. Vásquez sabía esto en momentos en que objeto de innumerables felicitaciones y lisonjas, por lo que calificaban de triunfo espléndido. Estaban embarnecido, pero en su interior no se sentía satisfecho y trataba de disimularlo.

---

[*] Véase la nota D.

Lanzó graves amenazas contra los insurgentes y, ostentado energía y poder, ordenó que salieran dos columnas de tropas a capturar a los que se habían quedado cerca de la frontera, que penetrasen en el territorio nicaragüense e incendiaran las casas de los Calpules; esto, dice, servirá de lección y amenaza al gobierno que les da auxilio.

No era cierto que el gobierno nicaragüense protegiera a los revolucionarios: no les daba ni una sola arma, ni un cartucho. Si se los diera pelearan sin grandes desventajas. Es verdad que el presidente Sacasa no los perseguía con rectitud, pero era por consecuencia de su carácter débil, contemporizador, no de impulsos hostiles contra el gobierno vecino. Y la tolerancia poco perjudicaba al general Leiva: como no les daba ayuda nada adelantaban los insurgentes con sus invasiones.

Fracasarían siempre, y en cada fracaso desacreditaban y debilitaban más, y el gobierno se vigorizaba. Vásquez, o no reflexiona sobre esto o se considera muy débil el poder de Nicaragua, y quiere mostrarse atrevido para ganar prestigios en el ejército hondureño estimulando su ardor bélico. Se deja llevar de su ambición y de sus impulsos despóticos; cierra los ojos a los males que hará caer sobre su patria y da con ligereza las órdenes de allanar el territorio nicaragüense y ejecutar los incendios.

El soldado no delibera: las dos columnas cumplen las órdenes recibidas. Una de cincuenta hombres al mando del coronel Urrutia entra al lugar llamado "La Cruz" y comete allí vejaciones. La otra de trescientos hombres comandada por los generales Alfonso Villela y R. Antonio Tercero, llega a "Los Calpules", y como ya no encuentra al general Reina, que se ha ido con los que le acompañaban, incendia dieciocho casas de los nicaragüenses que han hospedado hondureños, para que en otra ocasión les nieguen alojamiento. Después recorre el territorio por los caseríos del Talquezal, Oyoto, El espino y llega hasta el pueblo de San Pedro. Está allí una pequeña escolta nicaragüense a las órdenes del capitán Cajina y la ataca y dispersa. Es capturado el alcalde municipal y el general Villela le manda dar doscientos palos porque en su casa han estado algunos hondureños.

La noticia de esos actos salvajes cuanto impolíticos, llegó a las ciudades y pueblos nicaragüenses con la celeridad eléctrica, y todos se conmovieron inflamados de justa indignación. La prensa exaltó la cólera de la nación, atacó en términos virulentos a los ofensores; y las agrupaciones pidieron que se declarase la guerra al gobierno de Honduras en desagravio de la soberanía nacional.

El presidente Leiva se asustó del salvaje atentado cometido en su nombre, temió la explosión de la cólera del patriotismo ofendido, envió disculpas por telégrafo al gobierno de Nicaragua, y después nombró un ministro plenipotenciario para que fuera a darle las satisfacciones más cumplidas. Fue ese ministro el doctor Adolfo Zúñiga, jurisconsulto notable y hábil diplomático. Llegó a Managua, culpó al general Vásquez, demostró la irresponsabilidad del presidente Leiva y prometió que se indemnizarían los daños causados, que en lo sucesivo se respetaría el territorio nicaragüense y que se mantendrían las más francas y amistosas relaciones.

El Dr. Sacasa, hombre pacífico, de carácter débil, no quería la guerra, aceptó la explicación del ministro hondureño sin exigir responsabilidades, creyendo que si las exigía podría llegarse a un rompimiento, y el conflicto quedó arreglado. Mas para desgracia de ambos países ese arreglo era solo aparente. Si el gobierno de Nicaragua quedaba satisfecho, no así el pueblo que no consideraba lavada su afrenta. Se había llenado de indignación y el arreglo antes que aplacar los ánimos echaba combustible en las conciencias para encenderse en la primera ocasión.

Habría quedado satisfecho el amor propio nacional nicaragüense si el presidente Leiva destituyera al jefe militar que ordenó el atropello; más ni el Dr. Sacasa exigió que se juzgara al general Vásquez, ni el general Leiva lo hizo por su propia conveniencia. Considerándolo buen militar, lo creía necesario para que lo sostuviera en los peligros.

No se sabe que admirar más, si la ciega presunción del general Vásquez, que suponía suficientemente fuerte al gobierno para pelear con ventaja contra Nicaragua, o la timidez e ignorancia del general Leiva que tenía a Vásquez por militar experto, ciudadano patriota y buen amigo. El gobierno de Leiva no solo no estaba fuerte sino extremadamente débil. No tenía soldados porque era mucho su desprestigio; ni tenía como armarlos y pagarlos, debido a la mala administración y a los derroches. Para los gastos de la guerra apelaba a empréstitos forzosos, medio reprobado por la justicia y la moral. Divididos los hondureños por odios profundos, al estallar la guerra, los que odiaban al gobierno, que era la mayor parte, no querrían defenderlo sino contribuir a derribarlo: así, Leiva caería sin remedio si Sacasa aceptaba el reto.

En cuanto al mérito del general Vásquez, ¡ah!, general que con dos mil hombres no puede hacer prisioneros a ochenta y ocho que se le van a entregar, ese no es militar, desconoce en lo absoluto el arte de la guerra. Será un hombre valiente, podrá conducirse en un combate como héroe; como director de los ejércitos no podrá alcanzar la victoria jamás. Pero aunque Vásquez fuera experto, bastaba que comprometiera a su patria y a su gobierno para que este lo separara del servicio. Con su imprudencia de ultrajar a Nicaragua sembró Vásquez la semilla de rencores profundos, que hasta hoy han contribuido a producir dos guerras desastrosas, y quien sabe cuántas más en lo futuro si los gobernantes no procuran la conciliación de los dos pueblos. Todo esto se habría evitado con que el general Leiva depusiera al general Vásquez; pero fue muy débil. Vásquez se le sobrepuso y sobrevinieron a la patria desgracias infinitas.

CAPÍTULO XXIII: PROYECTOS DE NUEVA INVASIÓN

Mientras el general Vásquez hacía ostentación de fuerza persiguiendo a los insurgentes del Corpus hasta dentro del territorio neutral, lo que era ya inoportuno después de haberlos tenido en sus manos, el gobierno, a su vez, se ensañaba con ferocidad en los prisioneros del norte. El consejo de guerra formado para juzgar al coronel Nuila por haberse levantado en La Ceiba pronunció contra él sentencia de muerte, y el ejecutivo firmó la sentencia y la mandó ejecutar. * Vencida ya la revolución, ese acto de crueldad era innecesario y muy impolítico. A multitud de odios se agregaban mas enconos, sobre ríos de sangre caían raudales de lágrimas; al yerro de una insurrección sin buen éxito, seguía el expediente tristísimo de implacables venganzas. En el puerto de Trujillo fue fusilado el coronel Leonardo Nuila, el 11 de septiembre, tres días después del combate del Corpus.

Así acabó aquel joven, noble, inteligente, amable, que había cometido tres grandes faltas. La primera, haberse levantado contra un gobernante que, si había sido impuesto con torpeza, llegaba a representar la alternabilidad por primera vez en el país, que era un adelanto en la senda del derecho; la segunda falta, no haber impedido que se asesinara al general Muñoz, hecho que había de traer las represalias; y la tercera, falta militar que lo perdió, haber permanecido en la inacción con su ejército, sin aprovecharlo para atacar con energía y prontitud al gobernante que se proponía derrocar. Sin embargo de esas faltas del coronel Nuila, no debió el gobierno fusilarlo: la ley no le imponía la pena de muerte.

Pero el consejo de guerra calificó arbitrariamente de traición el levantamiento de La Ceiba, y penada la traición con la muerte, el consejo la decretó. No, Nuila no fue traidor. No estaba en servicio militar cuando se levantó, ni llegaba con ejércitos extraños. Y su acción no era maldad sino un error que provenía de la exaltación de

---

* El presidente Leiva telegrafió al comandante de Trujillo, general Salomón Ordóñez, diciéndole que no ejecutase todavía la sentencia. Poco después el ministro de la guerra, general Carlos F. Alvarado, le ordenó que la ejecutase y fue cumplida esta orden. Ignoramos si el ministro procedió con instrucciones del presidente o burló sus propósitos. Aseguran algunos que pensaba indultarlo.

las pasiones políticas. El gobierno, en vez de reflexionar sobre esto, se ofuscaba y se ensañaba. Cuando debió ser enérgico fue débil; y después quiso disimular su falta de vigor con horribles actos de crueldad.

Ejecutada el fusilamiento de Nuila, creyeron los cortesanos que el escarmiento estaba sembrado, y ya no hubo empeño en fusilar también al general Manuel Bonilla, preso en Tegucigalpa. Algunos se propusieron salvarlo de toda responsabilidad y lo consiguieron. Se le dejó libre y se retiró a Juticalpa. Después de varios años fue amigo y jefe de los mismos que pudieron matarlo. Eso demuestra que los que tienen el poder no deben satisfacer con violencia el enojo momentáneo. En los vaivenes constantes de la suerte, cuántos de los que están abajo se sobreponen, cambian de rumbo y favorecen hoy a los mismos que ayer les han querido anonadar.

Pasados estos sucesos el país quedó en una calma profunda y la derrota de los liberales se consideró completa. El gobierno se encontró a sus anchas sin temor a ninguna oposición. Los principales liberales estaban ausentes. Unos habían salido por las persecuciones en los días de la efervescencia electoral; otros salieron cuando se desterró a los jefes del partido; otros por el desparpajo de Quiebra Botija y el descalabro de la Minita, y los que habían quedado tuvieron necesidad de emigrar después de las persecuciones que siguieron al combate del Corpus, perdida toda esperanza de garantías. Todos, pues, estaban en el duro destierro.

El Dr. Policarpo Bonilla, que propagó las ideas liberales, no satisfecho con sembrar la revolución en las conciencias, quiso realizarla demasiado pronto en los hechos y arrastró a los demás a los campos de batalla, estériles las más de las veces para la libertad. El fracaso fue el castigo; pero ese castigo lo sufrió más el pueblo inocente. Se sobrepuso con ferocidad el despotismo; el dolor más hondo se sintió en los corazones, y tinieblas e infortunios cayeron sobre la patria sin ventura.

El Dr. Bonilla Permaneció en Guatemala mientras se sucedieron los hechos de la revolución. No pudo ir a incorporarse a los insurgentes del norte por el triste resultado de Quiebra Botija y la recuperación de La Ceiba por el gobierno; ni pudo regresar a Nicaragua, de donde iría a incorporarse a los insurgentes del sur, porque recibió informes ciertos de que no se le permitiría entrar a aquel país, y si entraba no se le dejaría acercarse a la frontera de Honduras y se le pondrían más obstáculos a sus partidarios. Esta permanencia forzosa e inútil en Guatemala lo desesperaba; sus gestiones para que el presidente Reina Barrios le diera auxilio habían sido inútiles y aumentaban su pena las noticias que recibía desfavorables a la revolución. La del fracaso en el Corpus acabó de desesperarlo, no le quedaban ya esperanzas de obtener el triunfo; mas a poco le llega la nueva de la violación del territorio nicaragüense por las tropas de Vásquez y se llenó de infinita alegría, imaginándose que ese ultraje a la soberanía nacional de Nicaragua encendería en cólera al gobierno de Sacasa, cambiaría su conducta neutral y prestaría apoyo decidido a los insurgentes para que derrocaran al gobierno de Leiva. Resolvió regresar a Nicaragua sin pérdida de tiempo.

Estaba en Managua la legación de Honduras y se prohibió el desembarque del Dr. Bonilla en Corinto para no dar pretexto a contra reclamos y se entorpecieran los arreglos de paz. Continuó el Dr. Bonilla para Puntarenas, se fue a la capital de Costa Rica, y cuando supo que el Dr. Zúñiga había regresado a Honduras, se vino de incógnito por tierra a Managua. El presidente Sacasa había aceptado las explicaciones del gobierno hondureño; pero el pueblo nicaragüense estaba descontento por ese arreglo, los ánimos muy exaltados, y todos los partidos políticos se esforzaban en demostrar sus simpatías a los hondureños proscritos como para levantar una protesta contra el violador de su territorio y como un reproche a la debilidad de su gobierno.

La llegada del Dr. Bonilla a Managua exaltó más los ánimos. Los hombres prominentes de los partidos corrieron a ofrecerle su ayuda para que continuase la guerra contra Leiva, y, en lo general, el pueblo entusiasmado trataba de demostrarle las más vivas simpatías. Parecía que todos los nicaragüenses estaban dispuestos a ayudarle, unos con armas y dinero, otros yendo a pelear al lado de los hondureños perseguidos.

El Dr. Bonilla, regocijado y alentado, emprendió sus trabajos para preparar una invasión a Honduras; mas a pesar del entusiasmo de los nicaragüenses por la causa de la revolución hondureña, pronto comprendió que si el pueblo estaba ansioso de auxiliarlo, el gobierno seguiría únicamente la política de contemporización, sin resolverse a darle ayuda efectiva ni a reprimir sus trabajos. La contemporización era consecuencia del carácter del Dr. Sacasa y del estado de su ánimo. Como gobernante no deseaba la guerra por los daños que dejaría al país; pero, como nicaragüense, aborrecía al gobierno de Honduras por el ultraje hecho a la soberanía de su nación y anhelaba que los insurgentes lo derrocasen. Por timidez no se atrevía a ayudarles con armas y dinero, que era todo lo que necesitaban para vencer, y por miedo a la opinión pública, que clamaba por el auxilio, contemporizaba con ellos aparentando conservar la neutralidad.

Esa política era la peor que podía adoptar. El pueblo nicaragüense deseaba la guerra, sentimiento incontenible del orgullo nacional ofendido, y no complacerlo era peligroso. Había pues, necesidad de declararla o de auxiliar decididamente a los emigrados. La guerra traería males inmensos, irremediables, y dejaría entre los pueblos odios profundos que podrían producir nuevas guerras: lo mejor era auxiliar decididamente a los emigrados que derrocarían con seguridad a Leiva.

Con esto quedaría satisfecho el pueblo nicaragüense y contento de su gobierno; y, sobre todo, no padecería la fraternidad de las dos naciones. Debió, pues, el presidente Sacasa no vacilar en adoptar decididamente esta última política. Mas no fue así, y en tal caso el Dr. Bonilla, por patriotismo, debió desistir de continuar la revolución armada sin los elementos necesarios para obtener el triunfo; y esperar tenerlos y que se le presentara una oportunidad propicia para no padecer nuevos fracasos que perjudicarían una vez más la libertad que pretendía defender. Las revoluciones justas o son el derecho cuando triunfan o son el retroceso cuando fracasan. Por esto, los que las dirigen deben ser juiciosos, cuerdos, oportunos, para que triunfen siempre.

Lo mismo que el agricultor que busca el tiempo y condiciones de abono para hacer su siembra, así el político debe medir la justicia, la oportunidad y ventajas favorables y adversas para hacer una revolución; pues, de lo contrario, como a aquel no le germina la semilla si siembra en terreno estéril o intempestivamente, este solo tendrá un fracaso si se precipita, y con todo fracaso revolucionario el despotismo se afianza y la libertad y la justicia quedan doblemente agarrotadas. Sin auxilio de Nicaragua no podría triunfar el Dr. Bonilla, pues es imposible que en Honduras triunfen las insurrecciones solo con la cooperación del pueblo desarmado. Este es pobre, los caudillos no reúnen el dinero suficiente con que comprar armas, y sin armas no se puede vencer ni a gobernantes extremadamente débiles, moralmente caídos. Todas las insurrecciones que en Honduras no han obtenido auxilios de los gobiernos vecinos han fracasado.

No obstante eso y los recientes descalabros de la Minita y el Corpus, decidió el Dr. Bonilla continuar la guerra sin elementos suficientes; y, a principios de diciembre se dirigió oculto a Somoto para organizar la invasión. Le ayudaban eficazmente todos los jefes del partido liberal y el general Sierra, quien le había dado satisfacciones por su conducta ambigua y procuraba demostrarle subordinación y afecto.

CAPÍTULO XXIV: PÉRDIDA DE LA ALTERNABILIDAD

En los tres meses transcurridos desde la acción del Corpus, la situación del gobierno de Leiva, lejos de mejorar con el aparente triunfo del general Vásquez, había empeorado, como era lógico que sucediese.

El reclutamiento continuo de las ciudades para el servicio de las armas, las violaciones de todas las garantías personales ejecutadas por los empleados; las exacciones arbitrarias y los empréstitos forzosos exigidos a los propietarios; los empleados civiles sin sueldo y los militares a media paga; la policía suspicaz encarcelando a los que se manifestaban descontentos, la miseria de las familias proletarias, resultado de la suspensión del trabajo, y la interrupción del comercio; todo esto contribuía a mantener una situación desesperante y a exaltar más los ánimos contra Leiva, aun entre sus mismos partidarios, porque a él se hacía responsable de las desgracias del país.

Manifestábanse descontentos hasta empleados de importancia. Unos decían que por la debilidad de Leiva habían hecho los opositores la revolución; otros, que por sus contemplaciones con los bogranistas que malversaban los fondos públicos estaba el erario más exhausto. Cuando en un país se expresan así los empleados, es señal inequívoca de que el gobernante está en peligro. Este le venía más que de los emigrados, del general Domingo Vásquez, jefe militar muy influyente.

Vásquez ambicionaba el poder y daba pábulo al descontento, para formar una opinión unánime contra Leiva por causa de lo que él llamaba su debilidad y cobardía. De ese modo, aprovechando la exaltación de las pasiones, se encaminaba a efectuar, con la presión de las armas, un cambio de gobierno, o lo que es lo mismo, tramaba una sedición militar; reprobable conducta la de Vásquez, pero por desgracia muy frecuente en toda situación anómala en que se colocan los déspotas.

Llegó el Dr. Bonilla a Somoto a mediados del mes y allí recibió informes detallados de esa pésima situación. Mal político, creyó que podría conseguir un cambio de gobierno favorable para él, sin necesidad de la guerra, en la que no veía el triunfo seguro; y no recomendó al Dr. E. Constantino Fiallos escribiese en su nombre al Dr. Manuel Gamero, ciudadano importante del país, ex candidato de la fracción ministerial opuesta a Leiva, pidiéndole que excitara a los señores Mónico Córdova, Daniel Fortín y Rosendo Agüero a una conferencia, se pusiesen de acuerdo y pidiesen al general Leiva el depósito del poder en cualquiera de ellos para evitar que continuase la guerra civil, pues el partido liberal estaba próximo a volver a la lucha con acopio de elementos y, por consiguiente, con mejores probabilidades de buen éxito.

Si Leiva adoptaba esa medida salvadora, el Dr. Bonilla, jefe del partido liberal, aceptaría al nuevo gobernante; y depondría con gusto las armas si sustituía desde luego los empleados de las administraciones de Bográn y Leiva, con hombres honrados de su confianza. Debía, además, reconocer las deudas contraídas por la revolución y los perjuicios causados por ella y por el gobierno a la propiedad; otorgar pensiones de inválidos y montepíos por los servicios prestados a la revolución; procurar la convocatoria de una constituyente para reformar la carta fundamental; proponer la reforma de las leyes de imprenta, de orden público y de reunión; no contraer alianzas ofensivas con ninguna otra nación; y no impedir el castigo de los delitos comunes que hubiesen cometido los empleados y servidores del gobierno.

El Dr. Gamero contestó al Dr. Fiallos que acogía con placer el pensamiento de evitar la guerra, pero que no le ocultaba su opinión de que era casi imposible que tales gestiones dieran el resultado que se buscaba con las condiciones indicadas por el Dr. Bonilla. Sin embargo, lo intentaría.

Es verdaderamente sensible que los que pretenden servir la causa del derecho sean los primeros que la perjudiquen. El Dr. Bonilla atacaba lo que debía tratar de conservar a toda costa, la alternabilidad. Esto era aumentar la desmoralización que existía, extraviar más las pasiones, hacer que prevaleciera el despotismo.

Si el Dr. Bonilla, para que no continuase la guerra civil, hubiera pedido que el congreso, que estaba reunido, declarase necesaria la reforma de la constitución y convocase una constituyente; que el ejecutivo respetase la libertad en la elección de representantes, sin ninguna otra exigencia que una amnistía general por los delitos políticos cometidos, entonces habría pedido lo justo y si no se aceptaba, tendría aparente disculpa en continuar la guerra; mas pedir que los que tienen el poder lo entreguen de buen grado contra todo derecho, esa no es sino una aberración que delata a las claras el predominio de egoístas y bajas ambiciones.

El Dr. Gamero comunicó a los hombres que formaban el gobierno las condiciones del Dr. Bonilla. Las vieron con disgusto y trataron de rechazarlas; mas los cortesanos, al saber que el Dr. Bonilla estaba en Somoto organizando una invasión tolerada por el gobierno nicaragüense y quizá protegida, sintieron verdadero pánico e influyeron para que se discutiesen.

Los más descontentos, por el riesgo que corrían, suponiendo equivocadamente que Leiva, por su debilidad, agravaba los peligros, desearon que un hombre enérgico dominara la situación por el terror, e instaron a Vásquez que gozaba de más influencia por la fuerza militar de que disponía, para que se interesase en que Leiva dejara el poder, ya que esto exigía el Dr. Bonilla para no ensangrentar al país, y que se entregase la presidencia a un hombre que fuera conciliador, pero que se hiciese respetar.

Muchos de los altos empleados se expresaban así; todos los demás estaban tristes, confusos, abatidos, se entregaban a recriminaciones, y aunque algunos padecían todavía celos por Leiva, aun estos lo desechaban interiormente, porque había prevalecido la creencia de que él los arrastraba a una ruina inevitable.

La camarilla militar era la que manifestaba más abiertamente el disgusto de la peligrosa situación. Hombres todos admiradores de la fuerza bruta, creían que esta era el medio salvador; cuando la fuerza, que es la injusticia, había de perderlos a la larga sin remedio. Solo el respeto a la ley los habría afianzado, y era a lo que menos atendían.

Vásquez escuchó con alegría inexplicable la propuesta del Dr. Bonilla: era todo lo que deseaba y venía preparando; sin dificultades se le allanaba el camino de un golpe de hecho, y con placer se dejaba arrastrar por la corriente de los sucesos.

Llegado el momento de intervenir tuvo una entrevista con el general Leiva y le aconsejó que aceptara la propuesta del Dr. Bonilla para contener la revolución o para dar fuerza a la defensa. Se esforzó en demostrarle la gravedad de la situación; la necesidad de sacar al pueblo de dificultades y al partido ministerial de peligros; que en sus manos estaba darle fuerza depositando el poder; y que el hombre más aceptable para los revolucionarios e indicado por el Dr. Bonilla era el Dr. Rosendo Agüero.

Debía entregarle a este la presidencia y él lo ayudaría con su prestigio militar para salvarlos a todos. Si no se hacía eso estallaría la guerra, y podría suceder que los descontentos lo abandonara y se pasaran algunos a la revolución.

Las graves faltas militares cometidas por Vásquez no eran conocidas, porque en Honduras no había quien pudiera apreciarlas; en cambio gozaba de gran reputación como valiente, atrevido y enérgico, cualidades que se creían necesarias para vencer la revolución. Por esto todos se dejaban subyugar por su influencia, y muchos, al saber que se trataba del depósito, en el deseo de adularlo y agradarlo decían que él debía encargarse inmediatamente de la presidencia, pues no era un inconveniente para que dirigiera también el ejército.

Tanta prisa no convenía a Vásquez, que aparentaba desinterés y quería dar al cambio una apariencia legal. Sabía que, teniendo él las armas, podía tomar la presidencia cuando le conviniera, lo que haría si triunfaba sobre la revolución, pues si no había de triunfar, más le convenía tener solo el mando del ejército. Por lo mismo insistía en que Leiva le entregase a Agüero.

La idea de la continuación de la guerra martirizaba al general Leiva amargamente. Había llegado a creerse causante principal de las desgracias del país y se reconvenía en su interior. Unas veces atribuía a su debilidad, tal es la influencia de la sugestión, el incremento revolucionario; otras, a no haber sabido transigir a tiempo. Como todos los que no conocen las leyes sociales, buscaba deducciones por caminos errados, y se desconsolaba viendo que hasta algunos de sus más íntimos amigos lo censuraban y lo abandonaban, formando aparte camarillas hostiles.

Pero al mismo tiempo de creerse culpable del peligro de la guerra, no creía en la posibilidad de la paz con el depósito del poder. Conocía todas las pretensiones del Dr. Bonilla; cuanto más se le complaciera más exigente volvería, y de exigencia en exigencia se llegaría a la negativa y de allí siempre a la guerra. Por esto no esperaba la paz sino de los resultados de la próxima lucha. El gobierno tenía medios de combatir, y estaba seguro de vencer si los insurgentes no llegaban con auxilios del presidente Sacasa. Sin embargo, no tenía Leiva fuerza moral suficiente para sobreponerse negándose a dejar el mando; y como temía ya a los insurgentes, ya a Vásquez, se mantenía vacilante sin adoptar resolución definitiva.

Las vacilaciones de Leiva causaban disgusto a sus amigos íntimos y a los partidarios de Bográn, que deseaban se negara de momento al depósito; y coléricos y afligidos por las maquinaciones de Vásquez, intentaban echarse sobre él y quitarle el mando militar; pero, en la situación incierta que creaba el peligro de la invasión del Dr. Bonilla, a quien temían y aborrecían más que a Vásquez, solo se llevaban en proyectos y nada hacían, no obstante comprender que estaban perdidos si Leiva abdicaba. Por fin se decidieron a agradar al hombre que tenía con las armas la fuerza e iba a disponer del provenir, y aceptaron lo que Vásquez deseaba. Con esto quedaban separados de la influencia política; era el castigo que recibían por haber atropellado la libertad. Eso mismo sucede a todos los que posponen el interés general al particular: solo están seguros los hombres del gobierno cuando se apoyan en la ley.

Abandonado, pues, el general Leiva de todos sus amigos; abrumado de remordimientos por las desgracias ocurridas; acosado por el miedo a los insurgentes que ya habían invadido; y queriendo ver si se suspendía la guerra dejando abierto el camino a un avenimiento con los liberales, determinó abdicar; y el 9 de febrero de 1893 nombró al Dr. Rosendo Agüero ministro de la guerra y le depositó la presidencia. Quedaba complacido el Dr. Bonilla: se perdía la alternabilidad y se retrocedía en el camino del derecho.

Este era el resultado de las ciegas ambiciones de los dos partidos. Perdida la alternabilidad, el derecho pasó al pueblo y representó la usurpación el nuevo gobierno. La insurrección, que había sido débil porque era contra el derecho, sería fuerte porque tenía ya de su lado toda la justicia.

CAPÍTULO XXV: EL GENERAL PONCIANO LEIVA

El general don Ponciano Leiva recogía el fruto de su política. Hombre de sentido claro, pero sin instrucción; amante del orden y de la libertad, pero terco, muy terco, para aceptar el movimiento rápido de las ideas, temía sus agitados impulsos; y por temor trataba de refrenarlos sin tener ni la convicción de lo que debía hacer ni la energía suficiente para efectuarlo. A los catorce meses de esa presión vacilante, la opinión lo abandonó en absoluto, ya no pudo sostenerse en el poder y lo abdicó.

Verdaderamente infortunado como hombre público fue el señor Leiva. Gozaba de buena posición en la sociedad, era honrado, sobrio, severo de costumbres, bondadoso, de carácter suave. Por estas condiciones también se le escogió el año de 1873 para jefe de la nación; pero llegó a Honduras con ejércitos del Salvador y Guatemala para derrocar al Dr. Don Céleo Arias y subió al poder sobre montón de cadáveres y escombros. Organizó un gobierno que procuró hacer nacional, gobierno de todas las ideas, que no podía tener unidad, y sin unidad no podía tener sistema ni firmeza. Su política era el acaso; su labor, la rutina; su energía, la vacilación. Toleraba y reprimía la libertad; perseguía y dispensaba. Los que querían la libertad no estaban conformes, y los que sostenían la reacción estaban descontentos. Todos se vieron dispensados de obedecerlo, y el general José María Medina, impulsado por un gobierno extraño y ayudado de la reacción, se levantó en armas para derribarlo, a los dos años justos de vivir entre zozobras, él, que gustaba mucho de la vida tranquila del hogar. Trató de defenderse, pero fue tanta su ineptitud, que no pudo vencer a la reacción desacreditada en el país. Corrió de lugar en lugar, y agotado de cansancio, desistió de continuar en aquel vía crucis, capitulando en Cedros el 8 de junio de 1876. Quedó muerto para la política; no obstante, Bográn, por afecto personal, quiso resucitarlo y le dio la presidencia a despecho de la opinión, contrariando la justicia, pasando sobre las leyes sociales. Nada aprendió el general Leiva desde que dejó el poder, y se halló nuevamente con él sin saber cómo había de ejercerlo. Las ideas estaban en agitación: el partido liberal predicaba la reforma; el ministerial, que fue primero conservador, viendo que aquel ganaba terreno se volvía reaccionario. Leiva pugnaba entre las reformas y la reacción y no sabía a quien agarrarse para dominar los peligros que creía amenazaban. Quiso atraer al partido liberal a la conciliación; pero esto no fue posible; el Dr. Bonilla quería ya el poder y no transigía. Entonces trató Leiva de adoptar un término medio: formó el gobierno con los hombres más importantes y moderados del partido conservador. Pero estos no eran los que podían salvar la borrasca: aferrados a las ideas viejas habían de sostenerlas. Tal sucedió, y la oposición se presentó formidable. Leiva tuvo miedo, y en vez de dejar libre a la oposición para que con la libertad su fuerza se disolviera, intentó destruirla y no hizo más que aumentarla. Creyó entonces afianzarse apoyándose en la fuerza de las armas. Llamó a Vásquez, con admiración y disgusto de los partidarios de Bográn, porque era enemigo de este, y le dio muchas facultades militares, que poco a poco había de aumentarle hasta quedarse él sin ninguna. Vásquez no era quien podía detener la revolución ni lo procuró nunca, y esta continuó avanzando. Para que no estallara había que dar suelta a las ideas. Oponerse a las que se habían esparcido era correr el peligro de estrellarse; y no se las podía sujetar porque las ideas son incoercibles, y no se las podía matar porque las ideas no mueren; había, pues, que abrirles paso, ya que se habían agitado. Pero esto solo lo hacen los que tienen convicción firme de la bondad de sus propósitos, seguridad en su derecho; y ni Leiva ni sus ministros habían llegado a comprenderlo. Trataron de destruir los derechos de los demás y persiguieron al partido liberal prohibiendo las reuniones, lo que era dar impulso a la revolución. Cuando se prohíben las reuniones comienzan las conspiraciones. Conspiró el Dr. Bonilla y la revolución estalló; pero estalló prematuramente y fue vencida. Desapareció del país el partido liberal y con él toda oposición; pero cuando desaparecen las oposiciones se forman las camarillas, más perjudiciales y peligrosas que las facciones. Derrotado el partido liberal, Leiva no tuvo oposición y las camarillas aparecieron activas, disputándose la preeminencia. Vásquez fue el jefe de la camarilla militar, era la fuerza, y ayudado por la reacción se convirtió en amo. Compelió a Leiva a abdicar en Agüero, para recoger él después el poder; y Leiva, no teniendo valor ni fuerza moral para resistir, abdicó, sin saber por qué caía ni para qué había de caer. Así, este hombre que representaba el término medio entre la reforma y la reacción, pero más inclinado a esta, cayó en 1876 atacado por ella; y en 1892, tal era su debilidad, volvía a caer dominado por la misma reacción.

El depósito de Leiva era el resultado de la intransigencia de los partidos que luchaban. Los más perjudicados debían ser los íntimos de Leiva y partidarios de Bográn. Estos lo comprendían, pero por odio a los liberales se forjaban la ilusión de que halagando a Vásquez podrían continuar gozando de favores. Pronto se habrían de convencer de su desgracia y se arrepentirían de sus yerros, que siempre son más perjudiciales en los de arriba que en los de abajo. Sin esa intransigencia no se habrían opuesto al avance de las ideas, ni perseguido a los liberales, ni habría estallado la guerra, y todos los del partido ministerial se conservarán mucho tiempo en el gobierno. Pero envanecidos con su oposición, dominados por el deseo de mandar sin contrariedades, cerraron los ojos a lo porvenir, violaron la justicia y no sintieron surgir la erupción tremenda, horrible, de la guerra. No acertamos a comprender cómo se ofuscan los gobernantes al grado de creer que la paciencia de los pueblos permite oprimirlos eternamente. ¡Ah! A fuerza de comprimir a los pueblos sin preocuparse de lo mucho que pesan, se les hace estallar; y en la explosión, creyendo los insensatos opresores que están firmes en la altura, bambolean y se precipitan en el abismo. Si los que suprimieron la prensa prohibieron las reuniones, persiguieron al partido liberal y desterraron a los jefes hubieran reflexionado sobre lo funesto de estas disposiciones, quizá contemplaran en perspectiva saqueos, incendios, matanzas, desolación, y retrocedieran con tales espectros, si no por compasión, por propia conveniencia. Pero, ¡Ah! Los que tienen el poder absoluto, halagados con sus goces ilusorios, se agarran a él con todas sus fuerzas, se vuelven insensibles a las quejas de la opinión y no lo dejan sino cuando los obliga la violencia.

La historia es elocuente, previsora; sin embargo parece inútil. Los que se han envejecido con las ideas absolutistas no se curan jamás, como que con ellas están connaturalizados su carácter y espíritu; y es tal la ceguera de los hombres que todos van a dar en las mismas faltas que los demás han cometido y que los han perdido.

Se achaca a Leiva que se perdió por su carácter débil, contemporizador. Cuando los gobernantes proceden mal y se pierden en la conciencia de la sociedad, nada los salva. Unos caen por flojos, y se cree que se hubieran salvado apelando a la crueldad. Otros llevan la crueldad hasta el extremo, caen, y se cree que se hubieran salvado siendo magnánimos. Error. El único medio para que los gobernantes estén firmes es que lleguen por le camino de la ley, procedan rectamente y procuren mantener o recuperar a tiempo la confianza de la nación. Leiva entró por la puerta de la alternabilidad, pero sin la confianza de la nación, y por no haber sabido adquirirla se le cayó el poder de las manos.

¡Qué de bienes hubiera podido derramar Leiva sobre la tierra hondureña si en lugar de callar la prensa, perseguir el derecho de reunión y asociación, que encontró tolerados, desterrar a los jefes del partido liberal, queriendo refrenar las ideas, hubiera dado suelta a la prensa y garantías completas a sus opositores, aun a los mismos que conspiraban! Entonces habría podido conservar la paz, sostenerse y concluir su período, dando lugar a la alternabilidad legal. El general Bográn, con su adhesión indecisa a la libertad, indecisa porque la iniciaba y la restringía, no obstante eso, pudo sostenerse y acabar sus dos periodos. Pero en Leiva ya no era suficiente que se adhiriese platónicamente a la libertad, ya no satisfacían paliativos a la reforma, ya no bastaban resoluciones a medias, como la de querer conservar la paz por avenencia con el Dr. Bonilla; necesitábase conservar la paz aun a despecho del mismo Dr. Bonilla, que quería la guerra; necesitábase destruir las ambiciones al poder que tenía la oposición.

Eso podía conseguirlo solo un gobierno que se elevara al ideal de la libertad y pasara del empleo abusivo de la fuerza a la más ilimitada concepción de la justicia, que es el respeto profundo del derecho. Dejar que la prensa liberal derramara todo el virus corrosivo del despecho porque se le había burlado; dejar que todos los dolores comprimidos se desahogaran; dejar que los que deseaban ardientemente el poder conspiraran a la luz de la libertad, castigándolos conforme a la ley, ¡ah! Esa política lo hubiera salvado a él y a la patria. Los que conspiran a la luz nada pueden. La conspiración necesita de la ocultación para que tenga fuerza: lo malo solo prospera a favor de las sombras. Para que Leiva adoptara esa política era menester un gran sacrificio, el sacrificio del amor propio; y el amor propio había de perderlo. Los que aman mucho el poder y se envanecen porque lo poseen tienen miedo a la libertad, acarician la debilidad de no resistir que se les exhiban sus errores o que se les calumnie; y por esa susceptibilidad se falsean, caen, o permanecen hundiendo a la patria, exterminando al pueblo, agotándolo con horrible insensata tiranía, para que no se mueva. Leiva, por su carácter, no podía llevar la tiranía a ese extremo; y si eso no podía hacer, debió haberse arropado con el manto de la libertad, y esta le habría dado la confianza de la nación, y, en consecuencia, la salud y la robustez del gobierno. Pero rechazó la libertad, se acogió a la fuerza, que había de burlarlo, y cayó despreciado de los que lo rodeaban, odiado de sus opositores y maldito del pueblo porque lo hundía en la más triste desesperación.

APÉNDICE: LIBERTAD

Don Antonio López G. es un artista de la palabra. De fácil, donosa y elegante frase, pudiera con su pluma, puesta al servicio de las ideas, ser un vencedor, si desgraciadamente no fuera, según sus propias declaraciones, un vencido.

Esta brega constante en que vivimos desde la independencia; esta lucha sin tregua entre el hecho y el derecho, entre la razón y el desequilibrio moral, entre la libertad y el despotismo, *entre la justicia y la iniquidad*, en que el señor López ha visto que regularmente el triunfo ha estado de parte del mal, lo ha convertido en escéptico, en pesimista, y lo ha hecho exclamar ¿qué significan las teorías, que importancia pueden tener los principios cuando los hechos vienen a contrariarlos, demostrando que hay algo oculto en esos hechos que no hemos podido comprender?

Pues bien, esa debe ser la misión del sociólogo: descubrir donde está el mal para combatirlo, penetrar resueltamente en las tinieblas con la luz de la razón, y no cruzarse de brazos y decir: ¡No es posible! ¿Se quiere comprender cuál es ese "algo oculto" que produce "esta angustia que nunca se acaba"? Precisamente lo constituye ese desaliento, esa indiferencia con que los hombres pueden ser los directores de la opinión, ven caminar hacia el calvario, a ese eterno Cristo, el pueblo, a quien, si la ocasión se presenta, le dan la lanzada de Longino.

Que las revoluciones se hayan hecho en nombre de la libertad sin resultados prácticos, no arguye negación del derecho. Todos los pueblos de la historia, cayendo y levantándose, han marchado, sin embargo, a su perfeccionamiento. Que alguien sea engañado una o más veces, acusa falta de moralidad en el engañador, pero no falta de derecho en el engañado; y en el pueblo, esa consecución de revoluciones demuestra el amor, instintivo si se quiere, pero constante, a la libertad. Hagamos que ese amor deje de ser instintivo y convirtámoslo en razonado y metódico, y el fin social, el fin humano, tendrá su realización. Enseñémosle a ser libre, pero no le quitemos la libertad, que sin ella el progreso es imposible. Moralicémosle y no le digamos: "sufre y calla", sino "lucha y espera".

El señor López, con marcada contradicción dice: "La libertad, la justicia, el orden, no son dones que se otorgan graciosamente a los pueblos, sino derechos que se exigen y se imponen", pensamiento que encierra un gran fondo de verdad; pero luego agrega: "Cuando un gobernante *es bastante imprudente para concederlos*, sin que haya posibilidad de que haga de ellos el aprecio que merecen, resulta la anarquía, el desorden, la injusticia".

Luego, es el gobernante quien los concede, es don que otorga graciosamente a los pueblos. ¡Error y contradicción palmarios! Ni desde el punto de vista de los principios ni del derecho positivo es aceptable esa *concesión graciosa* de los gobernantes. Eso ocurre en el hecho, ciertamente; pero el señor López, que está desalentado por la fuerza brutal de esos hechos, los justifica a la vez. En este caso, no debe demostrar desaliento sino placer: ¡El hecho triunfa!

No, los gobernantes no tienen facultad de *conceder*; garantir es toda su misión. Para esto los ha instituido el pueblo; para esto las instituciones les marcan su derrotero. Que resultará el desorden, la injusticia; ¿pero se quiere mayor desorden, mayor injusticia, que la violación de los derechos naturales, la ruptura de la constitución? ¡Y bien!

A esta injusticia llama justicia el señor López; a este desorden lo llama orden, y al cumplimiento del derecho, lo contrario. Si queremos considerar al pueblo como un pupilo, como un menor de edad, tendremos que negarle también el derecho de votar, y, en efecto, el señor López se refiere a toda clase de libertad "desde la que se inicia, de manera mecánica, en la simple locomoción, hasta aquella impalpable de las ideas que, en su libre juego, como las más intensas y ocultas fuerzas de la naturaleza, vivifican y renuevan cuanto tocan". Pero en este caso, si no tiene el derecho de votar, ¿de dónde procede el mandato de los gobernantes?

Otra contradicción en que incurre el señor López es la de justificar el hecho de que los gobernantes *no concedan* la libertad, y sostener, sin embargo, que no debe pedírseles sino imponérseles. Esto es cierto, lo primero es falso. El que pretende conceder o no conceder lo que no le pertenece, comete una usurpación.

Si, pues, el derecho reside esencialmente en el pueblo; si una de las más bellas manifestaciones de la libertad es la de la palabra; si esto enseña la razón desde el punto de vista de la filosofía, ¿por qué estas teorías merecen el desprecio del pensador y del filósofo? ¡El pensador despreciando la razón! ¡El filósofo despreciando la filosofía!

Respecto de la libertad de la prensa, el señor López piensa que debe restringirse, limitándose solamente a los buenos escritores. ¿Y quién calificará a estos? Indudablemente el poder público, directamente o por medio de censores, ya que es el poder quien debe *conceder o no conceder* la libertad, para evitar el desorden y la injusticia. ¿Queréis ser libres? Sed sabios y que el poder os dé el calificativo de tales. "Un mal escritor es un ser sospechoso, a quien debería vigilársele. Cuando por las ideas que esparce al viento no es un agente activo del desorden y la anarquía, es al menos un gran corruptor del gusto".

El que no escribe bien no tiene derecho a pensar ni a decir lo que piensa; es un criminal que debe estar sometido a la vigilancia de la policía. El que escribe bien, por más que mienta o engañe, tiene derecho a hacerlo: es libre. ¡Ah, Dios mío! ¿No es esto retroceder; dar un puntapié a las conquistas de la humanidad, dar la espalda a la luz y entrar resueltamente en la sombra; pretender la libertad de unos pocos y establecer la censura previa para limitar el derecho?

"Muchos opinan que los escritores se forman con el ejercicio de la libertad de la prensa", dice el señor López. Yo soy de ellos. Pienso que nada se perfecciona sin la práctica, ni el médico ni el abogado, ni el escritor ni el artesano. Dádmelos llenos de conocimientos abstractos y llevarán fiasco. Pero el señor López no quiere ni práctica ideales. "Abandonad, por Dios, esas teorías fundidas en moldes de barro", exclama: "¿Qué nos deja, entonces, si nos quita el pensamiento y la acción? El sometimiento pasivo al autoritarismo.

Las ideas del señor López, a que me refiero, han sido emitidas en un prólogo a la obra "Ensayo sobre la historia contemporánea de Honduras", escrita por don César Lagos, pretendiendo combatir a este en las ideas liberales que sustenta y a las cuales me adhiero, pues participo de sus "entusiasmos juveniles" y "quiero de veras que el orden, la libertad y la justicia sean como el alma que anime nuestros actos".

El protagonista, al combatir al señor Lagos, manifiesta que este "todo lo hace depender de los gobiernos", concepto que no he encontrado en la obra y que yo también combatiría, como combato al señor López que *crítica y sustenta* ese principio.

Pláceme creer que las ideas emitidas por el señor López son el producto de la desesperación, del abatimiento moral que producen nuestras caídas consecutivas, y no el resultado de una meditación profunda y arraigada, pues a ser de esta manera se mostrara satisfecho de la situación de Centroamérica, en donde, sobre todo en ciertos países, existe la censura para el ejercicio de la libertad, "desde la simple locomoción hasta la impalpable región de las ideas", y le pido que, levantando su espíritu a la altura del ideal, y poniendo su corazón y su cabeza al servicio de la razón y la justicia, trabaje porque al fin lleguemos a fundar la república, no bajo el patrocinio del poder, que es una ilusión, sino con el fundamento de los principios. Estudiemos los hechos, no para conformarnos con ellos, sino para evitar los escollos. A esto tiende la obra del señor Lagos, de cuya imparcialidad es garante la segura *inconformidad* de todas las agrupaciones políticas que se han disputado el poder en Honduras, cada una de las cuales solo quisiera encontrar encomios en su favor y críticas para el contrario.

Miguel A. Fortín

Santa Tecla, octubre de 1908.

Santa Tecla, octubre de 1908
San Salvador

Señor don César Lagos
Mi estimado amigo:

He sabido que el prólogo que tuve el gusto de entregar a usted para su libro titulado: "Ensayo sobre la historia contemporánea DE Honduras", y que está ya impreso, ha causado a algunas personas cierta impresión, como de ataque a la libertad de la prensa y a su libro mismo.

Nada más distante de la realidad como esa creencia. Si yo no tuviera una opinión favorable de su libro jamás lo hubiera recomendado a los jóvenes centroamericanos, de quienes hay derecho a esperar la regeneración de nuestros países. Los viejos, educados en la escuela de nuestra falsa y vacilante política, sin creencias y sin ideales, doblegándose siempre ante los hechos consumados, cualquiera que sea su origen, ya no servimos para esas altas empresas.

Si estos países han de regenerarse ha de ser por la virtud de otras ideas y de otros hombres. Con las ideas en boga y con las personas que las llevan a la práctica, nuestros males irán incrementándose en obediencia al gran principio de la evolución, hasta dar con una serie de catástrofes que pongan término a una forma especial de los organismos políticos, para principiar otra nueva, cuyas condiciones es imposible preverlas.

La impresión desagradable que me aseguran ha causado mi prólogo en el ánimo de algunos liberales viene a suministrarme una nueva prueba de la imposibilidad en que estamos de disfrutar la libertad de la prensa, por que ¿qué libertad puede existir en un país en dónde las susceptibilidades personales son tan quisquillosas que se alarman por las contradicciones más inocentes? En los hechos, en las ideas, en los sentimientos, nosotros no toleramos sino lo que lleva el sello especial del momento, lo que se acomoda al *cliché* aceptado por la generalidad. Lo que se aparta de esto alarma a las conciencias timoratas. Vivimos encerrados en un círculo estrecho, y cada vez que alguien, realizando grandes esfuerzos, logra ensancharlo un poco, nuestra vista se ofusca y sufre con la luz viva que de golpe se precipita de horizontes más amplios.

En mi opinión, de lo que menos entendemos nosotros es de la libertad, aunque vivamos rindiéndole culto, de palabra, a todas horas. Algún día diré yo mis ideas acerca de ella y demostraré los fundamentos en que descansa. Demostraré que es inútil que los gobiernos se empeñen en dar libertad, porque jamás lograrán su objeto. Los gobiernos no pueden hacer otra cosa que esforzarse en desarrollar las aptitudes que necesitan los pueblos, para conquistarla por sí mismos y saberla conservar. Sin esas aptitudes la libertad que se da se quita de la misma manera. Ejemplos numerosos de esta verdad registra la historia de todas las naciones.

Libertades concedidas graciosamente, son como plantas que se siembran sin raíces, que pronto se marchitan y se secan. Tampoco se conquista la libertad con la libertad. Solo se obtiene con el trabajo perseverante, con la educación sistematizada, que llegan a culminar en la formación integral del carácter del hombre. Si me apuran diré que para mí la libertad depende en gran parte del hogar; de las primeras impresiones que recibimos en el seno de la familia.

No pretendo ser dogmático, que mal se avendría el dogmatismo, con quien constantemente está aplicándole el escalpelo de la crítica para probar su fuerza. No acepto ni los dogmas que nos imponen las costumbres. No hay más fuente de verdad, en mi opinión, que la naturaleza, ni otros medios de investigación que los hechos. Aun los más eminentes de los hombres no son otra cosa que meros temperamentos, a quienes impresionan las cosas de distinta manera. Todo cuanto de ellos proviene es una mezcla de diversos elementos: el elemento natural y el elemento artificial. De ahí que ninguno pueda blasonar de estar en posesión completa de la verdad. Estudiar el mundo en un temperamento equivale a recibir la luz a través de un vidrio: se teñirá, indefectiblemente, del color que tiene. Por eso trato de buscar mis nociones en las *cosas* y no en los *libros*. Estudio los libros porque son producto de los hombres, revelaciones de lo que por ellos pasa, ya que forman parte de la muchedumbre de *cosas* que componen el universo. En los hombres se encuentra, sin duda, la mayor suma de verdades, de momento, que van en la cúspide del montón de *cosas*; pero también se encuentra en ellos las mentiras más grandes porque son *cosas* conscientes, con intereses especiales y con pasiones.

En suma: me tengo por uno de los liberales más avanzados, que no se paga de palabras sino de hechos. Como liberal avanzado, no ataco la libertad en ninguna forma. Contiendo contra los procedimientos erróneos que se emplean para hacerla efectiva, procedimientos que nos alejan de ella todos los días más. Prefiero poca libertad práctica a mucha libertad teórica. La que ha ido a condensarse a nuestras constituciones y demás leyes secundarias en ella se queda y jamás dará vida a nuestras instituciones.

Al expresar en mi prólogo la idea de que no debe culparse a los gobiernos de nuestras desgracias, he querido desterrar esa tendencia nuestra de hacer depender de ellos lo bueno y lo malo que sucede. Los gobiernos son responsables de momento que están dirigidos por ciudadanos, exclusivamente encargados de conducir los negocios públicos y, por consiguiente, con responsabilidades especiales, como cualquier otro gestor.

También deseo aclarar el concepto siguiente: «La libertad, la justicia, el orden, no son dones que se otorgan graciosamente a los pueblos, sino derechos que se exigen y se imponen. Cuando un gobernante es bastante imprudente para concederlos, sin que haya posibilidad de que se haga de ellos el aprecio que merecen, resulta la anarquía, el desorden, la injusticia».

La justicia y el orden, en este concepto, son los que provienen de la libertad; en cualquier otro caso parecería esto verdadero despropósito.

Confieso que algo he exagerado al atribuir a usted la idea de que la libertad proviene exclusivamente de los gobiernos. Usted cree que los gobiernos deben cooperar para que se desarrolle en la sociedad. Para mí los gobiernos no son elementos apreciables en este punto, pues estimo que, por una tendencia natural en ellos, siempre están empeñados en restringirla cuanto pueden. Los gobiernos son liberales cuando no les es dado ser otra cosa, sin poner en peligro su misma existencia.

Creo que su libro se aparta del criterio general en estos asuntos. Por eso lo conceptúo útil y me ha proporcionado la ocasión de hacer el análisis y la crítica de nuestro estado social, desde mi punto de vista. Útil como es, todavía le falta mucho para colocarse en aquel lugar, desde donde pueda contemplar el movimiento general histórico que nos anima, sin que se escape a su percepción ninguno de los obstáculos de los abismos y de las cimas en nuestro camino, y a uno y a otro lado que lo bordean.

Esta es, sencillamente, mi opinión, que vale tanto como la de cualquier otro.

Créame siempre su afectísimo amigo,

J. Antonio López G.

San Salvador, 20 de octubre de 1908.
Santa Tecla.

Señor don J. Antonio López G.
Mi estimado amigo:

Con interés he leído su importante carta, relativa a la mala impresión que ha causado a algunas personas su prólogo escrito para mi libro titulado: *"Ensayo sobre la historia contemporánea de Honduras"*.

Algunos ven en él, no un introductor sino a un adversario, y opinan que no debo admitirlo. Mi parecer es distinto.

Manifiesta usted: "que la importancia de mi libro consiste, no tanto en la fidelidad escrupulosa con que están relatados los hechos y en la imparcialidad con que de ordinario los juzgo y analizo, como en las reflexiones atinadas que en él desarrollo de nuestra política, y que aunque no se esté siempre de acuerdo con mis ideas *no se me puede acusar de falta de sinceridad y buena fe*; que quiero de veras que el orden, la libertad y la justicia sean como el alma que anime nuestros actos". Este es el mejor juicio que puede merecer un historiador, sobre todo cuando proviene de un adversario político, y, en nuestras lamentables luchas, usted y yo hemos figurado en filas opuestas. Por lo mismo el prólogo me satisface, aunque combata algunas de mis ideas.

Podría creerse que me lastima la opinión de que falto alguna vez a la imparcialidad. No; porque como todos aprecian las cosas desde puntos de vista diferentes, puede ser que solo usted note en algún caso la parcialidad, como la verán en otros aquellos a quienes afecten los hechos referidos. Siendo así, en nada amengua la rectitud de mis apreciaciones el juicio de usted. Decidirá sobre el particular quien sea ajeno a nuestras contiendas.

Antes de examinar sus argumentos, voy a precisar un concepto. Dijo usted en el prólogo que para que disfrutemos la libertad "todo lo hago depender de los gobiernos", y en su carta confiesa que "algo ha exagerado al atribuirme esa idea; que creo que los gobiernos deben cooperar para que se desarrolle la libertad en la sociedad". Partió usted, pues, de una base falsa para rebatir aquella doctrina; y aclarado esto, como en nada se refieren ya a mi sus apreciaciones, no tengo necesidad de contestarlas.

Veamos ahora, sobre qué puntos de filosofía política versan los argumentos de usted.

I. Que, dadas las condiciones reinantes, es imposible implantar la libertad en general y de imprenta en particular.

II. Que para el establecimiento de la libertad no influyen en manera alguna las leyes ni los gobiernos.

III. Que no son responsables de nuestras desgracias ni los gobiernos ni los partidos ni determinadas personalidades.

Estos principios los discuten acaloradamente sabios filósofos y profundos publicistas desde los antiguos tiempos; pero siendo la filosofía política uno de los ramos más complejos de la sociología, imposible ha sido alcanzar absoluto acuerdo, porque de una parte están los fingidos intereses de los gobiernos, de otra los intereses de los pueblos, y los que discurren no se apartan de sus inclinaciones y rara vez prescinden del egoísmo. Contribuye también a mantener la discrepancia la falta de un concepto verdadero de libertad, lo que origina multitud de yerros, con sus naturales consecuencias.

Muchos confunden el concepto filosófico de la libertad con la libertad política. Esta es una equivocación muy perjudicial. La libertad política no debe separarse del origen y contenido en relación con la naturaleza y condiciones de cada país, ni debe desconocerse *"que es la esfera dentro de la cual puede ejercitar sus facultades el individuo"*. Los límites de esa esfera nos los marcan las leyes.

Ahora bien, la institución llamada a señalar los lindes y a garantizarlos es el estado.

La generalidad confunde el estado con el gobierno. Aquel es el conjunto de instituciones que definen, establecen y garantizan todo el contenido del derecho, en tanto que este no es más que un medio para llenar ciertos fines del estado.

En ese sentido, el estado ha de consagrarse a fundar la libertad individual; al gobierno solo corresponde vigilar la buena ejecución de las leyes y cooperar, en cuanto sea posible, al fin de la sociedad, que es la felicidad común.

Hay la creencia errónea de que el estado no hace más que lo que hace el gobierno, y que por tanto, las leyes no crean la libertad, como no es el creador el gobierno. El estado, el soberano por delegación del pueblo, en rigor lógico, es el que crea la libertad. De la manera como organice el gobierno se desprende la libertad en mayor o menor grado, o se conserva el despotismo. El estado que intente establecer aquella antes de organizar bien el gobierno verá al pueblo amenazado por la disolución social, y la sociedad, para salvarse, se acogerá al despotismo, y, en busca de la libertad, tendrá que empezar de nuevo.

Eso nos ha sucedido a nosotros. A cada paso constituimos el estado; pero como solo atendemos a declarar los derechos y no organizamos bien el gobierno, no tenemos libertad, y nos faltará mientras nos empeñemos en cambiar los gobernantes por medio de revoluciones intempestivas; y no hagamos las cosas como la naturaleza prescribe y la historia nos lo advierte.

Que las condiciones del estado y la naturaleza de las leyes influyen en el carácter de los individuos, en la cultura de la sociedad y en el progreso de las naciones, lo comprueba la historia. Desde las antiguas épocas vemos diferentes ejemplos sobre esta aserción. Los espartanos y los atenienses eran de las mismas condiciones étnicas, en nada diferían sus primitivas costumbres y habitaban tierras del mismo clima. Sin embargo, los atenienses fueron más artistas e intelectuales, y los espartanos más endurecidos y guerreros, debido a sus distintas leyes. En Roma, pueblos de una misma raza y costumbres, cambian su carácter según las modificaciones del estado. Bajo la república existieron aquellos ciudadanos cuya virtud y patriotismo son citados siempre como modelos eminentes, y bajo los Césares de la decadencia, los romanos fueron los hombres más depravados, abyectos y egoístas.

Dirá usted que las leyes se hacen conforme son las costumbres. Convengo en parte: lo cierto es que las leyes modifican las costumbres, y estas influyen sobre aquellas, variando según la índole y cultura de los hombres. De forma que si el carácter influye en la libertad que da el estado, este, a su vez, reacciona sobre las condiciones de los individuos.

En países en donde las instituciones económicas, científicas, industriales, artísticas y literarias han alcanzado un grado superior de desarrollo, la libertad es el resultado del funcionamiento de esas instituciones y de los individuos dentro del estado; pero en los países en donde solo este se ha organizado, a él incumbe dar vida a la libertad, para que, a su sombra, se establezcan aquellas en corto tiempo. Abandonados los pueblos a sus pasiones, ignorancia e inercia, no la alcanzarían jamás. En consecuencia, la libertad no se produce solo de un movimiento de abajo hacia arriba, como usted dice, sino también, y de manera principal, de arriba abajo. Las masas, por sí solas permanecen atrasadas y se habitúan a la tiranía. Las clases directoras son las que deben implantar en el estado el régimen de la libertad, y si no lo hacen, ellas son las responsables. La historia constitucional de Inglaterra nos da la comprobación a este respecto. Negarlo es sostener que lo mejor es la organización del despotismo en el estado.

No; el estado no es ni debe ser la consecuencia de un pacto social donde los individuos se despojen de su libertad para constituir un poder público que los proteja a todos; como nos protegen nuestros gobernantes. Las sociedades necesitan aún del estado para vivir en orden. No han llegado al perfeccionamiento, ni las más cultas, para que sea una cosa superflua. Pero, si es una necesidad debemos aceptarla con la condición de que su poder se reduzca a marcar los confines de la libertad individual, a conservar la paz e impulsar el progreso, y que solo se use de apremios cuando del ejercicio de la libertad se pase a la licencia.

Si este es el deber del estado, el de cada individuo es armonizar sus acciones con las de los demás, única limitación de la libertad que debe reconocerse. Bien considerado, no es pérdida de libertad sino ganancia, pues cuando se traspasa el límite se cae en la anarquía, que va a la disolución del cuerpo social.

Organizar el estado de manera que garantice la libertad es una de las empresas más difíciles. Al presente muy pocas naciones han logrado poner las primeras bases, sin que ninguna haya podido llegar a la cúspide. Y si estas, que son las antiguas, han tenido dolorosos tropiezos para alcanzar el estado actual ¿Qué de extraño tiene que nosotros, pueblos jóvenes e inexpertos, no podamos aún organizarnos bien? Nada. El mal, pues, no es solo de los centroamericanos; y, en lugar de cruzarnos de brazos, debemos marchar sin desalientos, convencidos de que podremos remediarlo.

Por sus palabras podría creerse que usted ha caído en desmayo. Yo las aprecio como un grito de anatema contra los opresores y de reproche contra los ciudadanos porque los sufren. Se siente usted comprimido, esclavizado y se desespera. Mas si reconoce en gran parte el origine del mal ¿por qué no lo combate de frente y propone con claridad los medios para vencerlo? Con decir que la libertad se exige y se impone, en vez de ir hacia el bien labora usted contra él. En nuestros pueblos, en donde todos los principios se han extraviado, ese concepto de imposición de la libertad se conquista por los medios lentos, para que sea firme. Se exige por la opinión pública con valor cívico. Se impone en los comicios, en las asambleas, y solo se va a las armas cuando quiere el gobernante perpetuarse en la usurpación. En este sentido estamos de acuerdo.

Las guerras civiles que se han hecho engañando al pueblo con la torcida interpretación de ese apotegma, no han dado otra consecuencia que cambiar el personal de los gobiernos; pero de ninguna manera el conjunto de principios sistemáticos del estado, cuya organización inadecuada produce la lucha constante entre el gobierno y los ciudadanos. Y esa lucha, efecto de las pasiones nobles y egoístas del hombre, pugnando, aquellas por mantener y estas por destruir la libertad; aquellas por la virtud, estas por la maldad; aquellas por el perfeccionamiento, estas por la degradación, no cesará con solo el cambio de gobernantes, porque educada nuestra sociedad, desgraciadamente, por una iglesia intolerante y un gobierno tiránico, los hombres que llegan al poder continúan implantando las mismas enseñanzas.

A los déspotas debemos deponerlos con el fin trascendental de reparar el edificio en que están afianzados. Si no hemos de mejorarlo, porque no tenemos listos los materiales, dejémoslos en paz mientras los preparamos con actividad. Esto debe hacerse por medio de la instrucción, que despeja el error, y de la educación, que integra el carácter.

Se instruye con las ideas. ¿Y cómo se discuten las ideas? Por la palabra hablada o escrita, en la escuela, en la tribuna y en la prensa. La escuela y la tribuna son grandes elementos de evolución; mas la prensa política, bien dirigida, ilumina con prontitud las inteligencias.

Dice usted que estamos en imposibilidad de gozar de la prensa política porque no hay buenos escritores, y los malos llevan por donde van la peste de las ideas falsas, de los sentimientos insanos, sembrando por todas partes los gérmenes de la intolerancia, de la presunción, de la majadería más resistente de extirparse.

En verdad, tal es el hecho: lo estamos viendo; mas la única prensa política que existe es la de los gobiernos. Entonces supongo que usted se refiere a que esa prensa debiera ser asunto de policía. Eso mismo arguye en favor de la prensa libre.

Cuando existe en un país solo prensa ministerial, las ideas falsas perduran, por lo que quizá sustenta usted la teoría de que los errores de la prensa no se corrigen con la prensa misma. Jamás, ninguna sociedad, como ningún individuo, puede aproximarse a una idea benéfica, formarse cualquier opinión, sin oír lo que piensan personas de distinta clase e instrucción, considerándola desde todos los puntos de vista y bajo todos sus aspectos. Pretender que un pueblo tenga buena opinión cuando no tiene donde comparar es querer un imposible: no está en la naturaleza del entendimiento humano llegar a la verdad por intuición. Sucede que cuando solo ha existido la prensa ministerial, si se deja campo a una prensa de oposición, como es contradictora al desahogarse por el largo silencio, fácil es que caiga en la anarquía; pero si se deja que pasen los primeros desahogos y varios órganos discuten las cuestiones de la política, los pueblos comparan, analizan las diversas doctrinas, y entre los extremos encuentran la más conforme con la razón y la justicia.

Por los cortos periodos en que prevalece la anarquía de la prensa política, caen los gobiernos inexpertos en la aberración de suponer que es peligrosa para el orden social, y suprimen la libertad. Este error es a ellos a quien más perjudica, como se observa a cada paso, y no se comprende la insistencia en cometerlo. Se concibe que los gobernantes de derecho divino y los usurpadores tengan callada la prensa independiente. Esta es un poder, y a ellos no les conviene ni asomo de oposición. Pero el gobierno alternativo necesita de la prensa libre para conocer la opinión pública, compactarla y atenderla, para estar firme y tranquilo, y que no trate de apoyarse en esta, y se exponga a las revoluciones, es cosa inexplicable.

La necesidad, pues, de la prensa libre para gobernantes y gobernados, no debiera ser ya objeto de discusión. Debe dejársele toda su libertad. Pero esto no quiere decir que no tenga límites. Debe tenerlos en donde caiga en licencia, la que se ha de reprimir con tanta más energía cuanto más se ame a la libertad. Si, prensa que se convierte en arma para herir al individuo; en instrumento para excitar las malas pasiones; que sople los odios y rencores; que trate de pervertir imprudentemente el orden social, esa prensa es abominable por lo dañosa, y se le debe desterrar.

Mas, ¿cuál es el medio conveniente de represión?

Pudiera suponerse que usted opina que la censura preventiva, por sus palabras: "un mal escritor es un ser sospechoso a quien debería vigilársele". No doy ese alcance a la idea; deduzco un reproche amargo. Pero hay no solo quienes así piensen sino que llevan a la práctica el sistema.

Para cohonestar los graves daños que produce tal aberración, se dice que la censura preventiva impide que se propaguen ideas perjudiciales al bien social. Pero el gobierno, el censor, no tiene, ni puede tener, la imparcialidad y la sabiduría debida para juzgarlas. Cuando gobierna contra la opinión su interés es contrario al del pueblo, y obra lógicamente privando a los ciudadanos del único medio de formar una fuerte oposición. En consecuencia, muy dañosa es a la sociedad la censura preventiva.

El escritor es responsable ante la moral y ante el derecho; mas su responsabilidad comienza después que ha violado la ley. La censura preventiva no aguarda a que se delinca para deducir la responsabilidad; evita que llegue el caso de deducirla. Esto no solo ofende a la libertad sino a la inteligencia: enerva el vigor de los pueblos y la energía y la vivacidad del escritor; el pensamiento se acobarda con la certeza de que se le calificará apasionada e injustamente. Así, aunque en algunas ocasiones el censor prevenga graves daños, si da lugar a otros mayores, cuáles son: mantener la ignorancia, afirmar el error, endiosar el despotismo, debe aceptarse el menor mal, rechazando sin vacilar la censura preventiva, organización de la arbitrariedad ilimitada e irresponsable.

La ley establece en estos países la represión especial para los abusos de la prensa. Lo más racional y justo es la represión ordinaria. Esta, para castigar el delito cometido, no atiende al instrumento sino al efecto, en tanto que aquella saca del instrumento el delito y se cuida poco del efecto. ¿Se calumnia a alguien? El juez no toma en cuenta si ha sido por la palabra o por la prensa. Si acaso calificará el medio como circunstancia, atenuante o agravante, pues no daña lo mismo una calumnia verbal que publicada por la imprenta.

Digo que se halla establecida la represión especial para los delitos de la prensa. No se aplica: lo práctico en Centroamérica es la arbitrariedad.

Hay leyes malas; pero por mala que sea una ley no es tan grosera para el que la sufre como la arbitrariedad. Deben, pues, hacerse las leyes de modo que los de arriba no puedan dejar de cumplirlas, ni los de abajo dejar de obedecerlas, aunque sean opresoras. Desde el momento que se cumplen y se obedecen, los pueblos se encaminan a la libertad, porque los hombres son menos esclavos sometiéndose a ellas que no practicando ningunas, y son más libres cuanto menos opresoras sean las leyes.

Nosotros tenemos una ley muy mala, por impracticable: la constitución política. Da toda la fuerza, es decir, la soberanía, a un solo hombre, el presidente de la república, y concede a los ciudadanos todos sus derechos. Esta es una imprudencia: empuja a aquel a una lucha constante entre su deber y sus pasiones, y como estas tiene más influencia sobre el individuo, desconoce al deber y rompe todo lo que pueda estorbarle. Si se agrega que los que lo rodean lo animan a la arbitrariedad, ya con adulaciones, ya con bajezas, ya con teorías falsas, más pronto rompe sus ligas. Quizá por esto dice usted que no son responsables los gobernantes. Lo extraño es que diga que tampoco lo son los partidos políticos, entre los cuales está el ministerial, siempre organizado, aunque variable,

Una de las teorías falsas que corre como apotegma de la política es que se debe gobernar con la fuerza bruta, porque el pueblo no está preparado para la libertad, y tal es la fuerza del medio ambiente que hasta inteligencias capaces de pensar por cuenta propia caen en esas absurdas conclusiones. Tal argumento es capcioso. ¿Y cuándo va a estar el pueblo preparado para la libertad? ¿Cómo pudiera probarse que no puede ejercerla si no se le ha gobernado jamás conforme a los principios? Esos argumentos a priori no tiene fuerza, porque nadie ha medido la cultura de los pueblos para concederles sus derechos, para que se establezcan la libertad y la justicia; todos han necesitado de innumerables años de práctica libre, y ninguno la ha obtenido bajo la perpetua tiranía. Los pueblos son tales que se habitúan al régimen de la fuerza bruta, y llegan hasta a amar ese régimen si el gobierno les da comodidades materiales; viven en orden y rechazan la reforma porque como no conocen la libertad temen sus extravíos creyendo que se llegará al desorden. Los Estados Unidos de América han perfeccionado sus instituciones políticas en corto tiempo, porque los colonos llegaron preparados en las luchas de su madre patria. Los puritanos huían de la opresión y al plantar sus tiendas en América establecieron los principios que allá habían predicado.

Otra de las teorías falsas que usted sustenta es que «si el gobernante concede la libertad sin que haya posibilidad de que se haga de ella el aprecio que merece, resulta la anarquía: que se debe primero educar a los pueblos para ponerlos en aptitud de comprenderla, de apreciarla en lo que vale y de conquistarla».

Lo que pasa es que los gobernantes absolutos se ofuscan, y en vez de procurar la educación del pueblo para que sea libre se empelan en mantenerlo esclavizado. Si se les derroca, no se arrepienten del abuso sino de no haber sabido sostenerse, atribuyendo las causas a lo más distante de la verdad, y bogan para volver a subir. Admitido esto, convengamos en que no es al gobierno despótico al que incumbe educar al pueblo para la libertad, sino principalmente al estado. Los gobernantes, en vez de educar, organizan la ignorancia, fomentan la pereza, protegen al vicio. Tan egoístas e imprevisores son que por cosechar hoy no siembran para el mañana, y cuando caen, arrastran una vida de dolor y se quejan por las persecuciones, sin recordar que reciben su castigo. Cada uno hace igual cosa, y en esto, sí, «el erial permanece inalterable».

Los gobernantes no quieren cambiar el viejo sistema que a todos perjudica. A ellos, porque no pueden vivir en paz; a los pueblos, porque no progresan. Debieran educarlos con el ejemplo acatando las leyes, para que obedezcan, no por el temor a la autoridad, sino por el amor a los principios justos, y así tendrían su adhesión y apoyo, y vivirían tranquilos. Esta es educación práctica, que en cuanto a la instrucción primaria, que es la primera piedra para el edificio inmenso de la libertad, al estado compete implantarla e impulsarla, y cuando los gobernantes no tienen hambrientos a los maestros de escuela cooperan inmensamente a la libertad. La instrucción primaria se difunde en la generalidad, mientras la académica se reduce a limitado número que, por lo regular, aspira desgraciadamente a oprimir, menospreciando sus deberes políticos.

En consecuencia, gran parte de la responsabilidad corresponde a los gobernantes y a las clases directoras. Y en frente de los despotismos no deben reclamarse libertades limitadas, sino en toda su plenitud, para obtener en transacción algunas de ellas y conquistar las demás por evolución. En mi libro sustento esas doctrinas, porque son la única fuerza que, encarnada en las masas, refrenará la tiranía.

¡Difícil es, verdaderamente, alcanzar la libertad después de tantos años de despotismo! Los gobernantes no pueden darla sino respetas las leyes. Cuando aparentan que la dan comienzan con una maldad, permiten la licencia, y después, pretextando suprimirla, destruyen, no la licencia, sino la libertad, y con desfachatez inicua dicen a los pueblos: ya veis que no se puede ejercer la libertad. Los pueblos se enfurecen, van a las revoluciones creyendo que así la conseguirán; pero los golpes de estado son los frutos de la reacción. Solo retardando con dignidad aquellas crisis sociales y resistiendo con verdadero valor cívico a la arbitrariedad, podremos encaminarnos, aunque enflaquecidos, a la renovación legítima de los poderes públicos, que traerá la verdadera libertad.

Podría rebatir más a su prólogo, la materia es inagotable; pero creo que he demostrado que mis teorías no son consecuencia de entusiasmos juveniles sino de la meditación y de la experiencia; y que no las estruja usted, porque ni las toca: quedan en pie ante las leyes de la sociología y las lecciones de la historia.

Soy siempre su muy afectísimo amigo,

César Lagos.

OPINIONES DE LA PRENSA

El malogrado escritor hondureño, don Juan Ramón Molina, cuya muerte lamentan las letras centroamericanas, escribió para el "Diario del Salvador", el presente artículo que se publicó después de su muerte. Fue el último que brotó de su brillante pluma. Es el postrer aliento de una poderosa inteligencia, y le doy cabida en este libro, como homenaje de la gratitud por sus honrosas apreciaciones.

Bibliografía centroamericana

ENSAYO SOBRE LA HISTORIA CONTEMPORÁNEA DE HONDURAS

Está próximo a salir, de los talleres tipográficos de *Dutriz Hermanos*, un volumen con el segundo título que encabeza estas líneas. Hemos leído, con la debida atención, varios capítulos de la obra en referencia, y vamos a referirnos a ella, no solo por el interés histórico que entraña, sino por su mérito sobresaliente, que consiste en la fidelidad de la narración, en la lógica de las deducciones y en el vigor del estilo con que el autor traza los cuadros de aquella sombría época, que ha encontrado en don César Lagos su verdadero historiador, imparcial y justo, a pesar de lo reciente de los sucesos y de haber el autor tomado parte principal en ellos, ya como rebelde, ya como alto empleado de los gobiernos surgidos de la tormenta revolucionaria.

Lo más digno de lo que contiene el *Ensayo sobre la historia contemporánea de Honduras* es el juicio amplio y sereno con que está escrito. «He procurado — dice el señor Lagos en la advertencia — y procuraré siempre tener imparcialidad en lo que refiera: es el deber primero del historiador. Las pasiones influyen para que se falseen los hechos, y por el odio o el afecto que se tiene a las personas se les hace aparecer de modo diferente de como en realidad son. Yo me aparto de ese camino. Escribir solo para elogiar a los amigos, aunque no lo merezcan, o para vituperar a los enemigos, aunque procedan bien, es mal grandísimo porque se engaña a la sociedad, y con el engaño llega hasta a amar y admirar a sus verdugos».

Conforme a estas nobilísimas palabras, Lagos desarrolla su trabajo histórico, comenzándolo desde la fecha en que el doctor don Marco Aurelio Soto inauguró su gobierno en Amapala, el 27 de agosto de 1876. El plan de la obra no solo obedece a la lógica en las efemérides, sino a la de los hechos, que se encadenan fatalmente unos a otros. Así, a través de las sinuosidades del estilo, tal acontecimiento político da origen a tal otro; tal acto gubernamental, bueno o malo, es generador de una serie de sucesos que, favorables o desfavorables para el país, se manifiestan con el impulso de esos cantos erráticos que se desprenden de la falda de los montes. Hay mucha buena fe, mucha lógica, mucha consecuencia en toda la narración, de tal modo que, aunque algunos personajes salgan mal parados en ella, tienen que reconocer generosamente que el autor no ha tratado, de ningún modo, de desfigurarlos, de hacer una caricatura de sus personas, sino que se presentan en el relato tales como han sido, o mejor dicho, tales como, a los ojos de sus contemporáneos y de la posteridad, se colocaron y se colocarán en el juicio final de la historia de Honduras.

Afortunadamente para Lagos, muchos de los personajes que figuran en su *Ensayo histórico* viven todavía, de tal modo que, en caso de no gustarles la actitud en que los coloca el escritor, pueden rectificar sus opiniones, aduciendo pruebas fehacientes. Pero tal cosa, de seguro, no sucederá. Él ha tenido buen cuidado de ser verídico hasta en sus más minuciosos detalles; de decir completamente la verdad, aunque esto le traiga algún disgusto.

No se le culpe a él; cúlpese al fatalismo de los hechos, o mejor dicho, a la fatalidad con que tomaron parte en los acontecimientos políticos de su patria, en ese periodo turbulento de Honduras, donde el historiador, con suma perspicacia, enraíza el árbol frondoso de su obra de exégesis histórica, la más notable que se ha escrito en Honduras hasta hoy, no solo por su mérito intrínseco, sino por referirse a acontecimientos de vitalísimo interés, en la que está envuelta nada menos que una generación.

Otro gran mérito que, para nosotros, contiene dicha obra, es el de ser un valiente y osado estudio de psiquis colectiva, de muchedumbre revolucionaria. Presenta en ella al pueblo hondureño con todos sus defectos y todas sus cualidades; lo hace aparecer de diversos modos; ora como muchedumbre pasiva, sujeta al capricho del pastor que se intitula presidente de la república; ora —y de esta guisa se ve más simpático — en la plaza pública, en el ejercicio de sus derechos cívicos; ora, en fin, con un aspecto terrible, cuando, mal armado y peor comido, protestaba en los cerros y en las campiñas contra la tiranía oficial. De los tres aspectos en que el historiador presenta al pueblo hondureño, el que más nos gusta es el segundo, por una razón muy sencilla: porque todos los pueblos hispanoamericanos son más capaces de enfrentarse a la tiranía en los montes que en las urnas electorales, y porque está probado, hasta la saciedad, que una victoria cívica vale más que una revolución, que siempre deja la atmósfera social envenenada.

Muchas cosas más tenemos que decir de la obra del señor Lagos, lo mismo que del prólogo del señor López Gutiérrez; pero lo dejamos para un segundo artículo, que será más extenso que el presente.

JUAN RAMÓN MOLINA.

NOTAS

A

Concurrieron a la convención solo seis representantes. El licenciado don Miguel R. Dávila, por Tegucigalpa; licenciado don Salvador Aguirre, por Comayagua; licenciado don Rómulo E. Durón, por Copán; don Marcial Soto, por Choluteca; don Santiago Cervantes, por La Paz, y don Gonzalo Mejía Nolasco, por Intibucá. La presidió el licenciado Policarpo Bonilla, que había sido nombrado jefe provisional del partido.

El licenciado Bonilla presentó un proyecto de constitución liberal. Fue adoptado sin discutirse y firmado el 5 de febrero de 1891. El programa que en ella aparece es casi el mismo del doctor Céleo Arias, publicado en el folleto «mis ideas», al aceptar la candidatura para la presidencia de la república en el periodo de 1887-189. El señor Arias se expresó así:

"Por origen y por convicción filosófica, profeso ideas liberales en su significación genuina; y quiero, en consecuencia:

La unidad de fuero, sin más excepción que para los militares en campaña.

La seguridad individual, afianzada especialmente por la garantía del *habeas corpus*, debidamente reglamentada, para que en ningún caso resulte ilusoria.

La abolición absoluta de la pena de muerte y la supresión inmediata de los cadalsos políticos.

La abolición absoluta de la tortura, de los palos o flagelaciones; de las penas perpetuas e indefinidas y de las inflamantes.

La garantía de la propiedad en todas sus formas.

La libre manifestación del pensamiento por la palabra o por la prensa, sin otra responsabilidad que la de calumnia, deducida ante el jurado.

La libertad de reunión y de asociación.

La libertad de locomoción.

La libertad de enseñanza.

La libertad industrial y comercial.

La libertad de cultos y la independencia entre la iglesia y el estado.

La igualdad civil y política.

La universidad del sufragio.

La autonomía del municipio y la consiguiente independencia de las municipalidades.

La limitación racional de periodo para el presidente de la república.

La prohibición de reelección presidencial, de diputados y magistrados; o sea la alternabilidad de ciudadanos en el ejercicio de los supremos poderes.

La absoluta independencia de los poderes legislativo, ejecutivo y judicial, en términos que el ejecutivo no se convierta en legislador, ni invada bajo ninguna forma el santuario de los tribunales de justicia.

En suma, aspiro a ver en práctica todos los principios que constituyen la república democrática y las verdades secundarias que derivan de su naturaleza, bajo un gobierno respetable, de regularidad y de progreso.

Entre estas verdades consecuenciales quisiera primordialmente:

La paz interior, o sea la armonía entre el pueblo y el gobierno, que solo engendra una política sensata, exenta de extralimitaciones, de violencias y amenazas; política de justicia, de equidad y de garantías para todos los habitantes de la república.

La paz exterior basada en el respeto y en la estricta observancia del derecho internacional.

La amistad estrecha y de familia con las repúblicas hermanas, procurando la identidad o la mayor asimilación posible de los principios políticos, adoptados por sus gobiernos, bajo las condiciones imprescindibles de la democracia y de la república.

El respeto a la constitución y a las leyes.

La efectiva responsabilidad de los empleados en todos los ramos de administración.

El nombramiento de diputados al congreso legislativo, de presidente de la república y de magistrados para la suprema corte de justicia, por elección popular; de magistrados para las cortes de apelaciones y de jueces de 1ª instancia, por la corte suprema, y de jueces de paz, por las cortes de apelaciones, propuestos en ternas por los jueces de 1ª instancia.

La votación directa y por cédulas secretas en las elecciones populares en un solo día en todos los municipios de la república, mediante división de cantones o mesas electorales, y el escrutinio de votos por ministros de fe, ante selecto comité de ciudadanos.

La prohibición de paradas o ejercicios militares de los milicianos ciudadanos, en el día señalado para elecciones populares.

La destitución y castigo como prevaricadores a los que, ejerciendo autoridad en el orden civil, en el político y en el militar, impongan, amenacen o influyan directa o indirectamente para inclinar la votación en las elecciones populares.

La decidida protección de la instrucción pública, mediante universidades centrales para estudios profesionales de ambos sexos, y colegios de enseñanza secundaria igualmente para los dos sexos, en las capitales de departamento; escuelas superiores departamentales, escuelas primarias en todos los municipios, subvencionadas por el gobierno, cuando no basten sus fondos; escuelas de artes y oficios, y lecciones nocturnas a los artesanos, agricultores e industriales adultos.

El celo, pureza, la economía y la equidad en el manejo e inversión del tesoro nacional.

El afianzamiento del crédito nacional en el interior y su restablecimiento en el exterior.

La subordinación del presupuesto general de gastos a los ingresos del erario.

La formación de una caja de ahorros y de reserva para acometer empresas de manifiesta utilidad general, y para hacer frente a los gastos en circunstancias anormales o extraordinarias.

La exclusiva administración de los caudales públicos por empleados subalternos de hacienda, bajo reglas o preceptos fijos e inalterables a voluntad del gobierno, y sin otra dependencia que de la ley.

La negación de contratas ruinosas para el erario nacional.

La persecución y el castigo de los agiotistas.

La supresión absoluta de contribuciones directas sobre el capital y de las prestaciones personales, sustituyéndolas con impuestos indirectos y con rentas determinadas y cedidas a beneficio de los municipios.

La conclusión del camino de hierro interoceánico y la construcción de ramales a los departamentos.

La apertura de vías fluviales, carreteras y de herradura.

La protección y fomento de la inmigración.

El establecimiento de colonias en nuestros desiertos, al favor de contratas y de concesiones liberales.

La reforma de las leyes militares sustantivas y adjetivas, en sentido liberal.

La supresión del estado mayor general en tiempo de paz, y la reducción de las guarniciones al número de plazas que basten para guardar el orden.

La estricta observancia de las exenciones de aquellos que, por su edad, están fuera de la organización de las milicias.

La admisión obligatoria de las renuncias que hiciesen de sus despachos los oficiales y jefes del ejército, que por su edad, o por otra excusa o impedimentos legales, están fuera de la organización militar.

Y el establecimiento de un diario costeado por el gobierno, órgano de la oposición legal, que ilustre, discuta y objete las providencias, los actos y las extralimitaciones de los poderes públicos".

Este programa, hermoso teóricamente, adolece del grave defecto de atender muy poco a la organización del gobierno, y al llevarlo a la práctica traería, inevitablemente, graves trastornos para la salud de la nación.

B

Dos veces hablé con el general Carlos F. Alvarado sobre estos asuntos. Hombre inteligente y de alguna instrucción, no estaba exento de preocupaciones, que lo hacían extraviarse como secretario de estado en sus buenos deseos de contribuir al bien del pueblo. Confesaba algunas de sus faltas; pero se empeñaba en demostrar que el doctor Policarpo Bonilla tenía mayor responsabilidad por las desgracias que sobrevinieron a Honduras con las guerras.

"El gobierno, me dijo, quería en verdad la prensa libre y la existencia del partido liberal. Nosotros concluiríamos la organización del partido progresista para que fuera apoyo al gobierno y presentase las candidaturas electorales, y así desapareciesen las listas que se envían de palacio a los comandantes de armas y gobernadores políticos, práctica corruptora que, como usted dice, es un ultraje a la soberanía del pueblo. Pero para ello era preciso la paz, y nos la quitó la invasión de Sierra en los mismos momentos en que se organizaba el gobierno.

Todavía después quise convencer a Policarpo de la necesidad del orden y de las ventajas que alcanzaría su partido en la lucha pacífica. Le ofrecí, comprometiéndome en nombre del gobierno, que si nos vencía en las elecciones de diputados y de presidente, dejaríamos libres, respetaríamos la voluntad del pueblo (lo que le aseguraba no por engañarlo); pero él estaba ofuscado y los había cegado a todos ustedes. No quería más que el gobierno, y su terquedad crecía cada vez que se le hablaba de que calmase la agitación de sus partidarios. El periodo de cuatro años para seguir buscando la presidencia le parecía una eternidad, y lo desesperaba. Nuestras contemplaciones lo animaron a conspirar, creyendo que procedíamos por miedo y flaqueza, siendo deseos de evitar las medidas violentas. Cuando vimos el peligro que nos traían las contemplaciones traté de refrenar con firmeza la ambición desatentada; pero Vásquez, que ambicionaba el poder, nos lo impidió. Quería este ganarse a Policarpo para que con los liberales lo ayudara a subir, y Policarpo le daba esperanzas. Cuando se convenció de que no le cedería el puesto en el partido, lo aborreció y después si lo agarra lo mata. Los acontecimientos se sucedieron como ustedes los empujaron, y ya ven lo que han cosechado". No me es posible recordar todo lo que me dijo, como disculpa. En algunas cosas tenía la razón, en otras no. La historia aclarará y fallará.

C

PARTE AL GOBIERNO

El Corpus, 9 de septiembre de 1892.

El 6 a las 12 comenzamos a tomar posiciones en las alturas que dominan este pueblo, y a la una estábamos batiendo las fortificaciones del enemigo con dos piezas de artillería, la una colocada en el cerro de la Cruz, al norte de este pueblo, y la otra en el Portillo de la trinchera, al poniente. El fuego nutrido de la artillería continuó hasta las ocho que hicimos cargar la infantería sobre la posición más formidable que ocupaban los facciosos parapetados en trincheras de piedra y cortadas por grandes zanjones naturales, mientras tanto establecimos dos líneas de ataque; la primera en la parte baja de los cerros y la segunda en sus cimas, poniendo en comunicación más o menos fácil, todo nuestro campamento, * desde

---

* El general Vásquez se equivocó al informar que sus líneas se extendían hasta el camino de San Marcos. Si así hubiese sido, los insurgentes no habrían podido salir

el camino de Choluteca hasta el de San Marcos. En todo el día ocho avanzábamos y retrocedíamos, tanto por lo formidable de las posiciones enemigas, como por no exponer nuestros soldados a un gran peligro; pero a las 9 de la noche, protegidos por la oscuridad, nuestros soldados pudieron asaltar la posición referida cuya toma considerábamos decisiva por dominar todo el pueblo y sus trincheras casi a tiro de pistola. Poco después de este asalto los facciosos abandonaron todos sus atrincheramientos, y huyeron a pie por el lado de las sierras y de San Marcos. Los jefes del último asalto fueron el general Mondragón, el coronel Núñez y el comandante Noé. Al ocupar el pueblo descubrimos varias sepulturas de los muertos del enemigo y sobre la trinchera los cadáveres de cuatro oficiales y cuatro soldados distinguiéndose entre los primeros el de Federico Lozano de Tegucigalpa. Quedaron en nuestro poder 42 Remington, algunas municiones y equipos de los facciosos y 4 prisioneros. De nuestra parte murieron en el asalto el comandante Noé, el capitán Calderón y algunos soldados, quedando heridos el comandante Oviedo, los capitanes Manuel Vásquez, Cayetano Méndez, Gregorio Garache, los tenientes Santiago Caneling, Daniel Alvarado, G. Matamoros y 20 de tropa. El éxito de la jornada se debe en un todo a los generales Williams y López, y al valor y disciplina de todos los subalternos.

Domingo Vásquez.

D

Se nos informa que el general Vásquez no insistió en la persecución de los insurgentes por atender a un grave proyecto. Quería que el ejército desconociese al general Leiva y lo proclamase a él presidente de la república. En Choluteca lo propuso el general Williams, jefe de la fuerza extraordinaria del sur y al general Tercero, comandante de armas departamental. No lo aceptaron; pero por evitar un rompimiento frente al enemigo, solamente le hicieron comprender que era imposible, sin el apoyo de los jefes de las fuerzas de occidente

---

por allí y gran parte de ellos por ese camino salieron con el general Sierra y los demás montados; otros tomaron la vereda al cerro de Calarie y bajaron al camino de San Marcos a distancia de unos dos kilómetros.

y de los comandantes de los Batallones. Habló Vásquez también a los generales Antonio López y Alfonso Villela y tampoco encontró aceptación. No obstante, supuso que después del triunfo lo lograría, y al entrar al Corpus reunió a los generales nombrados, excepto Tercero, que se había quedado en Choluteca para resistir a Vásquez si efectuaba su propósito, y les explicó más abiertamente su deseo. Se negaron con energía. Vásquez atenuó su propuesta, dio orden de marcha de todo el ejército en dirección a San Marcos y llamó al general Tercero para que se le incorporase en el Banquito.

Debido a la contrariedad resolvió el general Vásquez el atropello a Nicaragua, lo cual consintieron los jefes, a causa de la indignación que reinaba en todos por la protección que creían daba el presidente Sacasa a los insurgentes. En San Marcos se discutió; y se desarrollaron los acontecimientos que se relatan.

Los generales R. Antonio Tercero y Antonio López, que viven aún, deben, por la verdad histórica, explicar detalladamente el proyecto del general Vásquez.

www.ingramcontent.com/pod-product-compliance
Lightning Source LLC
Chambersburg PA
CBHW070711130626
46553CB00005B/1945